数字化经济背景下国际贸易理论与实践的融合路径研究

王建植　张　滢◎著

文化发展出版社
Cultural Development Press
·北京·

图书在版编目（CIP）数据

数字化经济背景下国际贸易理论与实践的融合路径研究 / 王建植，张滢著．-- 北京 ：文化发展出版社，2024．9．-- ISBN 978-7-5142-4470-0

Ⅰ．F74

中国国家版本馆 CIP 数据核字第 2024RE3597 号

数字化经济背景下国际贸易理论与实践的融合路径研究

王建植　张　滢　著

责任编辑：周　蕾　　责任校对：岳智勇

责任印制：邓辉明　　封面设计：谢婉莹

出版发行：文化发展出版社（北京市翠微路 2 号　邮编：100036）

网　　址：www.wenhuafazhan.com

经　　销：全国新华书店

印　　刷：天津和萱印刷有限公司

开　　本：710mm × 1000mm　1/16

字　　数：210 千字

印　　张：10.5

版　　次：2025 年 3 月第 1 版

印　　次：2025 年 3 月第 1 次印刷

定　　价：72.00 元

I S B N：978-7-5142-4470-0

前言

数字化经济主要是以大数据为核心，秉承创新发展理念，运用新技术创造经济价值的一种新业态。现阶段，在信息化时代背景下，人工智能、物联网、数字化成为标配，因此数字化经济与国际贸易的有效融合是新一轮经济改革的重要途径，但是在融合过程中，仍然存在着缺少核心技术，融合不到位，数字化经济相关制度、法律法规相对滞后等问题。因此，若想促进数字化经济与国际贸易的有效融合，应该加强对技术的有效研发，创建数字化经济产业链。在国际贸易中要引进数字化技术手段，加强对数字化经济的有效治理，出台相关的法律法规，进而促进两种经济融合并实现高质量发展。

国际贸易就是在世界范围内，由国家之间通过单对单或单对多的形式进行技术、产品等的交换。这种方式能够进一步明确世界范围内各国的分工，并合理配置现有资源，充分加强全球资本的快速流动，从而推动全球经济的持续发展，并对各国的经济状况产生显著影响。自从改革开放政策实施以后，我国对国际贸易给予了极高的关注。21 世纪初，我国开始逐渐强化自身的国际贸易体系，并逐步在世界范围内崭露头角，成为世界第二大经济体。随着科技的飞速进步，全球的经济和贸易环境也经历了显著的变革，传统的经贸方式已经不能满足现代产业发展的需求。在现代科技的推动下，信息技术的快速发展已逐渐成为国际经济和贸易发展的趋势，它为经济增长奠定了坚实的基础，特别是在国际经贸领域，利用先进的信息技术、人工智能和大数据等技术可以显著降低产业的生产和经营成本，提升加工效率，从而减少贸易问题的产生，缩短各参与方之间的沟通和谈判时间，从而提高整体工作效率。

在当前，国际贸易逐渐有了国际化、科技化、规范化和信息化的发展趋势。为了在国际贸易中更有效地占据市场份额、扩大市场规模并增强自身竞争力，我国需要积极了解国际贸易发展动态，持续优化战略框架，培养科技人才，扩大资本市场规模，并进一步促进国家改革措施的落实，以增强我国的国际贸易能力。在这个共享的时代背景下，数字化经济的崛起是发展趋势。对于众多的国际贸易公司而言，这不仅是一个巨大的发展机会，同时也伴随着众多的挑战。在国际贸易中，我们需要掌握有利的条件，并积极地朝着数字化的发展方向前进。传统行业也应当明确一点，即数字化经济的兴起为其转型提供了机会。总体而言，在经济发展形势有了新的变化时，我们应当及时采取预防措施，主动应对，以推动自身的持续发展。基于此，在充分借鉴、吸纳前人和同行已有成果基础上，作者将多年的积累整理编写成本书。本书将围绕数字化经济背景下国际贸易理论与实践的融合路径研究展开论述。

本书第一章为数字化经济概述，介绍了数字化经济的发展历程与发展数字化经济的意义、数字化经济的内涵及特征、数字化经济发展趋势等内容；第二章为国际贸易理论演进，介绍了国际贸易概念与分类、传统国际贸易理论回顾、当代国际贸易理论研究、数字化经济对国际贸易理论的影响与拓展等内容；第三章为数字化经济对国际贸易的影响，介绍了数字化经济推动国际贸易参与主体多元化、数字化经济推动国际贸易产品多样化、数字化经济推动国际贸易组织结构网络化、数字化经济推动货物贸易的转型升级等内容；第四章为数字化经济引领国际贸易实践变革，介绍了电子商务与新型贸易模式、国际贸易支付、贸易融资与供应链金融、跨境数据流动与数据安全管理等内容；第五章为国际贸易数字化发展理论与实践的融合路径，介绍了实施政策保障、开辟新兴市场、注重品牌建设、加强对外贸易人才培养等内容。

在撰写本书的过程中，作者参考了大量的学术文献，得到了许多专家学者的帮助，在此表示真诚感谢。本书内容系统全面，论述条理清晰、深入浅出，但由于作者水平有限，书中难免有疏漏之处，希望广大同行及时指正。

王建植

2023 年 6 月

目录

第一章　数字化经济概述……1
第一节　数字化经济的发展历程与发展数字化经济的意义……1
第二节　数字化经济的内涵及特征……6
第三节　数字化经济发展趋势……16

第二章　国际贸易理论演进……19
第一节　国际贸易概念与分类……19
第二节　传统国际贸易理论回顾……26
第三节　当代国际贸易理论研究……28
第四节　数字化经济对国际贸易理论的影响与拓展……40

第三章　数字化经济对国际贸易的影响……49
第一节　数字化经济推动国际贸易参与主体多元化……49
第二节　数字化经济推动国际贸易产品多样化……64
第三节　数字化经济推动国际贸易组织结构网络化……71
第四节　数字化经济推动货物贸易的转型升级……79

第四章　数字化经济引领国际贸易实践变革……87
第一节　电子商务与新型贸易模式……87
第二节　国际贸易支付……100
第三节　贸易融资与供应链金融……110
第四节　跨境数据流动与数据安全管理……125

第五章　国际贸易数字化发展理论与实践的融合路径 …… 146
第一节　实施政策保障 …… 146
第二节　开辟新兴市场 …… 150
第三节　注重品牌建设 …… 152
第四节　加强对外贸易人才培养 …… 155

参考文献 …… 160

第一章　数字化经济概述

本章内容为数字化经济概述，主要从三个方面进行了阐述，分别是数字化经济的发展历程与发展数字化经济的意义、数字化经济的内涵及特征、数字化经济发展趋势。

第一节　数字化经济的发展历程与发展数字化经济的意义

一、数字化经济的发展历程

（一）数字化经济产生的基础

20 世纪 90 年代，受技术发展、社会环境和经济发展等因素影响，产生了数字化经济这一概念。在这一时期，互联网的公共商业化应用逐渐铺陈开来，电子通信技术及其相关硬件的发展构建了数字化经济的技术基础。与此同时，随着社会进入信息知识大爆炸的时代，经济结构开始从物质型向信息型转变。人们对知识和信息的渴求进一步加速了数字化发展，人均教育水平的提升也使得数字化变革更易被熟悉和认同，并由此促进信息通信技术的社会化融合。

在经济方面，美国经济自 1991 年 3 月到 2001 年 3 月经历了长达 10 年的连续增长，并出现了“两高两低”（经济高速增长和高劳动生产率、低失业率和低通货膨胀率）的繁荣景象。美国的这次经济腾飞极大程度上得益于电子通信技术的发展。1993 年，克林顿（Cliton）政府正式推出“国家信息基础设施”工程计划，该计划在美国构建了遍及城市与乡镇的信息高速公路，不仅带动了经济的发展，也推动了社会加速进入数字化时代。

（二）数字化经济发展的政策推进

加拿大商业战略大师唐·塔斯考特（Don Tapscott）于1995年正式出版了其经济学著作《数据时代的经济学》，数字化经济这一概念由此正式提出，并逐渐流行开来。

在数字化经济发展初期，各国政府先后出台相关政策加强信息与通信技术（以下简称ICT）基础设施的建设。新加坡为推动家庭互联网的建设与移动电话普及等工作，积极开展了“国家电脑化计划”“国家IT计划”等多项计划。2009年，日本为改善自身经济环境，颁布了“ICT新政”，提出了“数字日本创新计划”纲要，将其作为日本随后3年优先实施的政策。英国政府于2009年推出了“数字大不列颠”行动计划，推动英国宽带基础设施建设以及ICT技术产业的发展，将之作为应对经济危机的关键，并在2010年4月颁布并实施了《2010年数字经济法令》，加强对数字产品的管理，以及版权的保护。

2018年，在阿根廷召开的G20峰会对数字化经济的发展进行了探讨。同年5月，欧洲联盟探讨了数字化经济与整个欧洲联盟的发展关系。2018年11月，亚洲太平洋经济合作组织（以下简称“亚太经合组织”）也开始了对数字化经济的探讨。2023年7月4日，全球数字经济大会以“数据驱动发展，智能引领未来”为主题，通过多种活动，将数字化经济、人工智能等科技如何改变未来立体化呈现，众多新技术、新产品也将在活动期间举办的展览中亮相。相信在今后，随着数字化经济的飞速发展，国际社会将会开始重视这一领域，并在适当的时机促使其进一步深化。我国的数字化经济随着时间推移逐渐获得较大成就，网络强国战略和国家大数据战略深入实施，网络经济空间持续拓展，数字经济新技术新业态蓬勃发展，对经济的影响日渐深入。

（三）全球数字化经济进入新阶段

1. 数字基础设施开始新一轮布局

“网、云、端”建设为数字化经济发展与普及提供了强大的推动力。从其诞生至今，越来越多的国家开始重视数字基础设施的发展和建设，并积极进行布局。布局的关键点有两个：一是加快人工智能基础设施建设的步伐，如美国和英国都将投入大量的资金用于此，并重点关注人工智能的发展；二是5G建设，如中国、法国和韩国等国家都对5G基础设施建设作了部署，布局重点是如何实现万物互联，构建数字生态系统。《数字中国建设整体布局规划》指出：“加快5G网络与千兆光网协同建设，深入推进IPv6规模部署和应用，推进移动物联网全面发展，大力推进北斗规模应用。系统优化算力基础设施布局，促进东西部算力高效互补和协同联动，引导通用数据中心、超算中心、智能计算中心、边缘数据中心等合理梯次布局。整体提升应用基础设施水平，加强传统基础设施数字化、智能化改造。”基于此，我国数字社会基础设施体系建设得以实现深度发展，为我国整体推进数字社会基础设施体系建设提供了基本遵循。

新型数字基础设施布局逐步完成，数字化经济得以迅猛发展并进入2.0阶段，与此同时，各国间、同一国家不同区域间在数字化经济方面的差距也在进一步扩大。

2．数据安全成为数字化经济发展的基本要求

自2018年起，在全球范围内人们越来越重视数据保护和流动以及网络安全和空间治理等问题。首先，中国建议加快数据要素基础制度的进一步健全，为了实现这一目标出台了诸多政策文件。国家数据局的关键任务就是进一步加快消除制约数据要素合规有效流转的制度障碍，同时，以数据要素市场化配置为基础，积极培育新产业、新模式与新动能。其次，欧洲联盟（以下简称“欧盟”）关于数据安全的保护政策正在逐步落实中。《通用数据保护条例》《非个人数据在欧盟境内自由流动框架条例》帮助欧盟内部构建了一个关于数据流动的基础性框架。最后，许多发达国家对于数据的安全性也表现出了浓厚的兴趣。例如，英国已经公布了一份名为《政府网络安全战略2022—2030》的文件，该文件明确强调了网络安全的首要任务应当是确保国家的安全。值得一提的是，美国《澄清境外合法使用数据法案》签订之后，国际网络安全领域迎来了新的变革。总体而言，国际数据保护规定一直在不断变化，直接导致各个国家的数据安全和网络空间安全面临着严峻挑战。

3．数字融合从消费端向生产端渗透

数字化经济在不断发展的过程当中，逐渐开始向着依托于人工智能存在的数字技术与生产端进行深度结合的方向发展。首先，建立智能终端，将不同领域的服务进行结合，以适应居民的生活需要。比如，美国、欧盟将机器学习、虚拟现实等技术与生物医药的研究进行了结合，进一步强化了医疗服务；中国正致力于实现数字社会的精准化治理，深化数字乡村的发展策略，利用数字化手段促进乡村产业效能增长。我们致力于实现智能化数字生活方式的普及，以方便人民群众的生活与消费，使人们充分享受科技为生活带来的便利。其次，将其整合到能源和科研等多个领域中，主要是为了进一步实现全球价值链的升级和国际产业结构的改革。比如，欧盟计划在制造业等核心领域创建欧洲数据空间；德国计划在国

内建立一个创新网络，并使得国内各公司能够在数字化技术以及商业策略等方面获得一定的扶持；中国将促进数字技术与实体经济的结合，加快建设金融、交通、能源等领域关于数字技术的创新应用。数字技术在向生产端逐步深入发展的过程中，会极大影响传统产业的转型发展。

4. 数字货币成为数字化经济发展的重要组成部分

近年来，一些发达国家已经确认数字货币具有合法性，并对其采取了相应的监管措施。举例如下，比特币在 2017 年 4 月 1 日得到了日本的正式认可。国际商业机器公司（以下简称 IBM）在 2018 年 7 月 18 日决定发布数字美元，并获得了美国政府的批准。同时，加密货币交易平台的设立将是加密世界一个标志性的事件，这意味着加密资产对华尔街机构投资者的大门逐渐打开。在相关文件中明确指出，与数字货币相关的各类交易应当被监管。全球金融行业的监管体系将不得不因为数字货币而面临前所未有的挑战。

中国人民银行面向社会推出了数字人民币。我国采取多渠道多抓手的模式，一方面针对线下实体行业，政府通过雷霆手段迅速落实法定数字货币在全国各地、各行各业的合作试点工作；另一方面采取开发线上应用程序（App）、拓宽软件功能的方法，完成法定数字货币线上渠道搭建，进一步提高了法定数字货币的知名度和影响力，在实践中取得卓越成果，我国对于法定数字货币的推行力度显著领先世界各国，为我国数字化经济的长远发展打下坚实基础。

5. 数字化经济国际合作进入新阶段

随着数字化经济的发展，各国的合作越来越紧密。首先，很多国际组织在数字化经济领域逐步展开各项以合作为最终目标的谈判，这标志着国际关系有了新的变化。无论是世界经济论坛，还是金砖国家这样的组织，都十分重视大数据以及网络安全等领域，不仅做了深入研究，也进行了一定的谈判并明确了相应的规定。除了这些，各个国家在对数字税的规定方面存在差异，也不同程度地造成了数字化经济国际合作困难。欧洲多国统一征收数字税，二十国集团（以下简称 G20）各国认为对于数字税的征收应保持税收中性原则。数字化经济的蓬勃发展在一定程度上直接影响了税收征管等领域的监管。

二、发展数字化经济的意义

2008 年全球金融危机之后，世界经济进入了深度调整创新阶段。一方面是传统经济持续低迷，另一方面则是以互联网为基础的数字化经济快速崛起，展现出十分强劲的生命力。这种新旧经济交替的图景在我国表现得更加清晰明显。随着信息化的不断深入，我国也借势深度布局、大力推动数字化经济的发展，从而使其逐渐成为整体经济创新发展的强大引擎，并为全球经济复苏和优化发展提供借鉴。数字化经济是在计算机、互联网、通信技术等新一轮信息革命的基础上发展起来的，因此也称为信息经济。对于正处在整体经济转型升级关键期的中国而言，发展数字化经济显然具有十分重要的特殊意义，有利于推动新常态下我国经济发展和创新战略的落地。

（一）经济新常态需要发展新引擎

经过多年的高速增长，我国经济逐渐步入增速放缓、结构升级、动力转化的新常态阶段，整体发展环境、条件和诉求发生了深刻改变。如何认识、适应和引领新常态，打造经济发展新动能，成为我国实现经济跨越式发展的根本议题，特别是要化解经济新常态下“中等收入陷阱”这一风险，离不开发展引擎的转变。

数字技术的飞速发展极大地促进了以信息通信产业为主的各类数字产业的融合发展，而且进一步实现了跨产业的经济融合，在生产、分配、交换和消费等领域得到了较大规模的发展，也正因此，农业、工业和服务业数字化得以实现。数字化经济融入制造业的需求会得到进一步的培育与发展，通过政策的影响和先进企业的推动，制造业将实现全流程、全环节的数字化。在此过程中，各类数字技术广泛运用于传统产业当中，数字技术产业的新模式与新业态逐渐形成。数字化工具、数字化生产、数字化产品等数字化经济形态快速崛起，将为新常态下我国经济发展提供新动能。

（二）信息革命推动社会生产和生活方式变革

当前，信息革命为我国打造新动能、跨越曾经普遍困扰各国经济发展的“中等收入陷阱”提供了历史性机遇。从人类社会的发展历史来看，每一次产业革命将实现社会生产力的巨大提升：农业革命推动人类从采集捕猎转为种植畜养，大大增强了人们的生存能力，使社会进入文明时代；工业革命推动家庭作坊式的手工生产形态走向规模化的机器大生产，极大地提升了人类的生产能力；以计算机、互联网、通信等先进技术为代表的信息革命推动了社会生产和生活方式的数字化、网络化、信息化、智能化。

（三）发展数字化经济成为国家战略选择

当前，像欧美这样的发达国家把数字化经济的发展加入了国家发展战略当中，比如，美国在主推工业互联网的建设；德国在加紧实现“工业 4.0”；欧盟制定了数字化经济战略等。面对新一轮互联网信息化革命浪潮，我国也根据基本国情和整体需要，明确指出要成为网络强国，并积极开展数字中国的建设工作，由此将数字化经济提升至国家战略高度，成为新常态下经济结构转型升级和发展的新动能。

第二节　数字化经济的内涵及特征

一、数字化经济的内涵

数字化经济代表了经济活动的新趋势，要深入了解数字化经济的真正含义，我们就应当从经济活动出发。简单来说，经济的目标是用最少的资源获得最大的回报或实现最大的经济增长。经济行为是基于劳动投入来进行的。令人关注的是，在农业经济为主导的人类发展阶段，土地成了极为关键的生产要素。在以工业经济为核心的时代，资本成为主要的生产要素投入。在未来的工业经济中，投入主要生产要素的是知识与信息。从这一点来说，数字化经济实际上已经将信息等同于传统经济增长理论中强调的资本和劳动要素，将其从全要素生产率余值中独立出来并加以强调。数字化经济发展战略是培育一种新型经济社会发展形态，数据是关键生产要素。

一般而言，为了进一步提升全要素生产率，不管是农业经济时代或工业经济时代都能够依靠技术发展、规模经济、范围经济的手段。总的来说，在深入了解世界范围内的经济发展历史之后，我们能够明显发现，要想实现经济增长，主要可以采用以下两种办法：首先，充分扩展各类生产要素，通过基数的扩大，促进经济增长；其次，普及、更新知识，以实现技术的进步，进而提升全要素生产率，由此就能够实现集约经济增长。值得注意的是，上述两种经济增长的方式在一定程度上被限制之后，就需要寻找更多样的经济增长空间。此时，信息的优势得以展现。

一开始，人们以传统方式扩散和获取信息。伴随着数字化技术的进步与网络的发展普及，信息在促进经济增长这一方面发挥了极为显著的作用。总的来说，信息的数字化发展使得现代的各类生产要素的产出率有十分明显的增长，所以现如今最为关键的生产要素就是知识与信息。总的来说，虽然知识经济与信息经济这一概念存在的时间很长，但是数字化经济这一概念是在互联网与信息数字化的发展过程中产生的。另外，需要明确的一点是，只有能够提升生产效率的各类生产要素才能够实现数字化。数字化旨在实现各类信息在网络中的传输是为了促进信息在线下有效传播。唐·塔斯考特明确提出：信息流在不同的时代呈现方式有所差异，在过去的传统经济时代，其本身会表现为实体形式。在现如今这个以数字化经济为主导的时代，信息是以数字化的方式通过网络流动和传输的[①]。另外，在梅森伯格（Mesenbourg）看来，数字化经济具体表现如下：首先，通信网络能够用于基础设施建设；其次，电子商务能够借此在网上得以稳定运行，如信息数字化等；最后，电子商务通过网络在线交易数字化知识与信息。

显然，网络基础设施、信息数字化和信息平台都是数字化经济的技术条件，信息的交易是数字化经济的主要形式，而生产率的提升、经济结构的优化以及由此带来的经济增长或福利水平的提高才是数字化经济最终的目的。因此，2016 年举办的 G20 杭州峰会明确阐述了数字化经济的定义，以使用数字化的知识和信息作为关键生产要素、以现代信息网络作为重要载体、以信息通信技术的有效使用作为效率提升和经济结构优化的重要推动力的一系列经济活动。这一定义尚不全面，直到 2017 年，我国的《中国数字经济发展白皮书（2017)》又在有了一定研究成果的基础上，对数字化经济作了更为严谨细致的定义，数字化经济是以数字化的知识和信息作为关键生产要素，以数字技术为核心驱动力量，以现代信息网络为重要载体，通过数字技术与实体经济深度融合，不断提高经济社会的数字化、网络化、智能化水平，加速重构经济发展与治理模式的新型经济形态。[②]这个定义不仅强调了数字化信息是关键生产要素，强调了要与实体经济深度融合，重构经济发展，而且更重要的是提出了重构政府治理模式的问题。这一点是其他定义中少有提及的。

二、数字化经济的特征

数字化经济属于新型经济形态，相比于传统的农业经济和工业经济，在基本特征与规律性特征的表现上，其本身有着一定的独特性。

在综合多方主流研究的基础上，分别从以下两方面予以阐述。

---

① 陈思含．城市经济概说[M]. 广州：中山大学出版社，2022.

② 孟夏．亚太区域经济合作发展报告[M]. 天津：南开大学出版社，2021.

（一）数字化经济的基本特征

1. 数据资源成为核心生产要素

与传统的农业经济、工业经济一样，数字化经济也需要生产要素和相应的基础设施，每一次经济形态的重塑与社会形态的变革会产生与之相适应又赖以发展的生产要素。数字化经济下由于很多要素都需要数字化，所以又不同于前两种经济形态，数据成为与数字化经济相适应的新的生产要素。如同土地和劳动力为农业时代的关键生产要素，资本、技术、矿产、物资为工业时代的关键生产要素，数字化经济的关键生产要素为含知识与信息的数据资源。随着向科技研发、经济社会的各个领域扩展与渗透的速度不断加快，数据驱动创新渐渐成为国家创新发展的关键形式和重要方向。

随着数字化经济不断向前推进，涉及人类消费、投资及其他经济行为的各种信息会被数字化地储存、传输、处理和利用，海量数据的产生及对其的处理和应用需求催生出了大数据概念，数据日渐成为社会基础性战略资源。同时，随着数据存储和计算处理能力飞速提升，数据的价值创造潜能大幅提升。庞大的数据资源将成为企业的核心竞争力，因为企业的核心是产品和服务的创新引领，企业创新的核心是将用户、环境等产生的各类数据资源分析转化为对企业决策有用的知识与信息的能力，基于数据的按需生产、基于数据的生产流程改造与服务水平提升日益成为可能，谁掌握了各类数据，谁就更有优势。

随着数字技术向人类社会生产、生活的方方面面不断渗透，人们的经济交易方式与日常行为手段变得更加便捷，数字技术下社会的全面治理也变得更加有效。数据已成为数字化经济时代的生产要素，而且是最核心、最关键的生产要素，数据驱动型创新也正在向经济、社会、文化、生态等各个领域扩展渗透，成为推动国家创新的重要动力。大量数据资源不仅为人类社会带来了更多新的价值增值，也为人类价值创造能力发生质的飞跃提供了不竭动力，数据要素有一些不同于其他要素的特征：第一，数据要素具有规模报酬递增的特性，数据越多包含的信息量越大，越能挖掘出更多的内涵与价值，与传统经济下要素的规模报酬递减刚好相反；第二，数据要素可重复使用，多人使用，但传统要素只能一次性使用，用完就不复存在；第三，数据虽然可无限增长，可重复利用，又具有多人共享、不排他性，甚至影响了传统经济下制约经济发展的资源稀缺，但数据依赖于经济主体的消费与投资行为，缺乏独立性，能不能作为独立的生产要素推动经济的持续增长与永续发展仍存有疑问。

2. 数字基础设施成为关键基础设施

数字化经济的建设需要相应的基础设施与之配套，不同的是数字化经济下基础设施既包括宽带、大数据、云计算中心等专用型数字基础设施，也包括增加了数字化组件的传统基础设施或数字技术对传统物理基础设施的数字化改造，即混合型数字基础设施。例如，数字化停车系统、数字化交通系统、数字化监测系统等对传统物理基础设施的数字化改造就属于混合型数字基础设施，这两类基础设施共同构成数字化经济的核心基础设施，推动数字化经济迅猛发展。

综合来看，数字基础设施通过对传统物理基础设施进行数字化改造，使得土地、水利等传统农业基础设施和交通、能源等工业基础设施趋向智能。

3. 数字技术成为不竭动力

人类经济社会发展不是循序渐进的平稳进程，技术的进步和变革是推动人类经济社会发展的核心动力，如蒸汽机引领工业革命，ICT 引发信息革命。数字技术的普及应用与日新月异的创新进步将引发数字革命，为数字化经济不断发展壮大提供核心动力。

在推动已有产业生态不断完善的基础上，人们发展出更多新模式与新业态。人工智能、无人驾驶、3D 打印等数字技术加速与智能制造、量子计算、新材料、再生能源等新技术进行发展与创新，并在较大程度上促进了数字化经济的发展，全面拓展了人类认知和增长空间。

4. 数字素养对劳动者和消费者的新要求

就像农业经济和工业经济时代下某些职业与岗位对劳动者的文化素养有一定要求一样，数字化经济下的职业和岗位要求劳动者具有一定的数字素养。随着数字技术突飞猛进的发展及向各行各业不断渗透，身处于数字化经济环境下的人们都需要熟练掌握数字素养这一重要能力，特别是在未来的劳动力市场上，谁具有较高的数字素养，谁就拥有突出的数字技能和专业技能，从而脱颖而出。劳动者不具备数字素养将很难胜任未来的工作，更不可能在工作岗位上脱颖而出；消费者不具备数字素养将很难在市场上识别、购买到满意的产品，更别谈正确、方便地使用数字化产品与服务。可见数字素养将与文化素质、专业技能一样，成为未来的劳动者生产与消费者消费行为必备的基本素养，成为数字化经济发展的关键和重要基础之一。

5. 数字化经济平台生态成为主流商业模式

(1) 平台生态成为数字化经济下产业组织的显著特征

作为数字经济 2.0 的基础，数字平台依托云网端等数字化经济基础设施，汇聚了数字化经济下的数据等关键生产要素，创造出了全新的商业环境，这不仅改变了单个企业的运行模式与达到规模经济的条件，也消除了传统商业模式下产品从生产者到消费者过程中存在的层层分销，使交易成本大幅度降低，而且依托数字技术，各种类型、各种行业的中小企业借助市场范围极为广泛的数字经济 2.0 平台不仅可以摆脱规模小的不利影响，也不再受时间与空间地域限制，使全球各地的消费者和商家能够实现超大规模协作，商家获得了更多直接服务消费者的机会，获得了较大的利润，全球消费者的福利水平也借助数字平台服务获得了大幅提升。

（2）数字平台组织有助于资源的优化配置，促进价值创造与汇聚

一方面，传统的企业组织加快向数字平台转型的步伐，包括 ICT 企业与传统制造业。比如，三一重工推出的树根互联工业互联网平台能够收集全球各地设备的各种运行数据，从而为其客户提供精确的大数据分析、预测与售后等服务，帮助客户实现商业模式的创新。另一方面，从 20 世纪 90 年代到现在，制造业、商贸、物流、交通、旅游等垂直细分领域数字平台快速涌现，加深了资源优化配置的程度，其市值增速也远高于传统企业。

（3）数字平台推动价值创造主体实现多方互利共赢

在数字化经济时代，不论是新兴平台企业还是传统转型企业，依托互联网的平台，通过整合相互依赖的产品和服务供给者，以去中心化为原则的自动匹配算法作为技术支撑不但可达到较大规模，也容易形成低成本、高效率的点对点联结，进而增强竞争力。数字化经济下的价值创造主体通过广泛采取开放平台策略，有效整合上游供应商、中游竞争者与下游客户群体，由传统的竞争转向共建互利共赢的生态系统，增强平台整体及各价值创造主体的吸引力和竞争力，从而可共同抵御外部环境的冲击。国内数字企业采取开放平台战略，随着大量企业与消费者的入驻，平台的价值不断增加，整个平台的竞争力也得以不断提升。

6. 数字产业的基础性、先导性作用突出

对从古至今各类科技发展与产业变革进行深入的研究分析之后，我们能够明显发现，常常存在一些基础性、先导性产业通过自身的积极创新、扩散影响、快速发展等特性表现，有效推动其他行业实现创新与发展。类似于交通运输产业，电气产业、电力产业、信息产业分别成为蒸汽技术、电气技术与信息技术三次科技革命推动产业变革的基础先导产业部门的情况，集中大数据、云计算、物联网、人工智能等各类数字技术发展起来的数字产业已成为推动数字化经济革命的先锋产业。数字产业本身归类为技术密集型产业，其本身最大的特征就是不断地进行

动态创新，由此极大地促进了其他各产业的发展，也进一步展现出强大的创新能力，获得了极大的竞争优势。在这一背景下，全球很多国家对数字产业的研发投入越来越重视。值得注意的是，数字产业蓬勃发展与迅速扩张，现如今已开始稳步发展，并最终成为当前支持全球范围内各国家经济增长的关键。

7. 多方融合成为经济发展的主引擎

（1）数字产业与传统产业融合

随着数字技术突飞猛进的发展，人类经济社会逐渐从传统农业经济、工业经济阶段过渡到数字化经济阶段，人类经济活动空间从物理空间转移到虚拟网络上，而随着传统行业数字化进程的加快，人类经济活动又从线上、网络不断向线下、实体空间扩展。这主要表现在两个方面：一方面，数字平台不断向线下拓展，甚至收购传统的制造、批发、零售等行业企业，创造出新娱乐、新零售、新制造、新金融等一系列新产业与新模式，不仅大大扩展了人类经济活动空间，也使人类的物质与精神生活更加丰富多彩；另一方面，传统实体领域的制造、金融、物流、娱乐等企业不断加大数字化融合、改造与创新的力度，把数字化融入企业战略管理、研发设计、生产制造、物流运输、售后服务等多个流程环节，出现了智能制造、智慧物流、数字金融、泛娱乐等新型业态，如国内传统企业数字化、网络化、自动化、智能化转型步伐的加快不仅使传统行业的生产效率得以不断提升，而且深深改变着消费者的行为活动方式。

另外，随着数字产业与传统产业的日渐融合，经济发展的整体空间得以持续扩大。首先，数字化经济正在快速从消费端转向生产和服务端，同时也从线上扩展到线下的传统产业，包括共享经济、众包模式、众筹模式等，在这些新模式不断出现的背景下，资源的利用效率得到了极大提升，并进一步优化了人们的生活体验，数字技术与传统产业的融合使得传统产业有了新的改变，极大地促进了生产端的发展，也借此有效促进了数字化经济的飞速发展。

在数字技术革命与数字化经济发展阶段，虽然主要经济体数字产业产出占其经济总量的比重还没有精确的数值与准确的计量，但毋庸置疑的是，数字技术对传统产业的影响有效地促进了效率和产值的良性增长，极大地推动了国民经济增长和全球经济发展。

（2）人类社会、网络世界和物理世界日益融合

现如今，数字化经济发展迅速，以往的网络世界已不仅仅是人类赖以生存的对于真实物理世界的虚拟映象，它是人类所拥有的一个有别于现实的全新空间。并且，数字技术和物理世界之间的深度结合促使现实物理世界在发展速度上逐步

接近网络世界，甚至逐渐呈现出指数级增长趋势，这主要是因为在物联网技术与数字平台发展的基础上，随着多功能传感器、可穿戴智能装备等设备的日益普及，人类经济社会进入人与人、人与物、物与物的万物互联时代。之后，又出现了更强调机器和人类甚至不同机器之间实现有机协作与良好沟通的“人机物”融合的信息物理生物系统，这一系统不仅改变了人类经济活动空间，更实现了网络世界和人类物理世界的衔接与交互，使人类走进一个网络世界、物理世界与人类社会互联互通的新世界。

8. 多元协同数据治理成为核心治理方式

数字经济2.0是一个去中心化，平台、企业、消费者等参与主体更加多元的复杂生态系统。线上线下、物理世界与虚拟世界、跨行业跨地域出现的新老问题不断汇聚，这就要求过去仅依靠传统的集中单向，侧重控制的政府封闭式监管的社会治理模式逐渐向平台、企业、用户和消费者等数字化经济的重要参与者多元参与，侧重协调的、开放协同的数据治理方式转变。首先，大型跨国公司为传统工业经济下配置和协调资源的基本单元，数字平台是数字化经济下的重要组织形式，平台有治理优势也有治理责任和义务，所以数字化经济的治理要发挥平台的枢纽作用，将平台纳入治理体系，借助平台规则，在合理界定政府、平台、第三方责任的基础上赋予其一定的治理职责边界，有助于平台上的各类经济问题的治理。其次，在数字化经济时代，参与数字化经济活动的各类主体均应积极参与平台相关问题的治理，特别是要激发大量依托平台的企业和与平台相关的消费者参与治理的积极性和能动性。让他们积极加入数字治理的行列中来，才便于形成遍布全数字平台与全网的全民治理体系，进而便于对数字化经济发展进程中出现的较为复杂的海量分散治理问题进行有效治理，如淘宝大众评审机制就是典型的平台治理案例。最后，在数字化经济背景下，面对各经济主体纷繁复杂的消费与投资等经济行为数据，传统的商业监管方式也显得力不从心，而利用大数据、云计算、人工智能等先进数字技术实现治理手段的精准化、适时化、智能化能更好地解决数字化经济下出现的问题。

（二）数字化经济的规律性特征

虽然目前全球数字化经济发展正从成长期逐渐过渡到成熟期，许多规律性的特征还没有充分体现出来，需要在未来数字化经济发展过程中不断探索与挖掘，但许多学者已总结出关于网络经济和传统经济的种种不同的特点与特征，可以在其基础上对数字化经济的规律性特征加以简单描述。

1. 数字化经济是不间断运作的全球性经济

鉴于数字网络全天候不间断运作，所以那些以互联网、大数据和云计算等先进数字技术为基础而存在的诸多经济活动将不会在较大程度上受到时间的限制，它们能够持续不断地进行。除此之外，信息和数字网络以及各类数据在全球范围内传播，促使世界各国的联系更为紧密，各个国家的地理距离也不会对其多作限制，以数字技术为基础而存在的经济活动也将空间因素所作的限制降至最低，它有效促进了经济全球化进程的飞速发展，全球范围内不同国家的经济相互依存性也得到了前所未有的增强。随着商品、服务与资本全球流动加速，数据全球流动速度不断加快，数字化经济逐渐成为主导经济全球化的动力。

2. 数字化经济是去中介化的虚拟经济

由于移动互联网等数字技术的发展，经济组织结构日渐扁平，消费者和生产者之间的联系与沟通更加便捷，除了因某些交易的复杂性而需要专业经纪人与信息服务中介，不需要过去更多的分销、批发与零售等中间环节。数字化经济是指在数字网络构筑的虚拟空间中进行的经济活动，经济的虚拟性更多源于转移到线上网络空间经济活动的虚拟性，而并不是指期货、期权等虚拟资本形成的真实虚拟经济。

3. 数字化经济是合作大于竞争的开放经济

在工业经济的时代背景下，传统价值创造者会先从上游购买原材料，然后在中游进行加工，之后再将最终品销售给下游，并提供相应的售后服务，形成的是线性价值增值链，每个价值链环节上的竞争对手越少，利润就越丰厚。在数字化经济时代，不论是新兴平台企业还是传统转型企业以及依托其生存的各类中小微企业都是相互依赖的产品和服务供给者。依托平台的企业之间虽存在适度竞争，但更多是交易协作与共同创造价值的关系，合作远大于竞争。企业要想实现可持续发展，就要通过相互合作共享到更多含信息和知识的数据。只有在相互协作中，企业的活力与应变能力才能不断提高。

4. 数字化经济是速度型经济

数字化经济成为速度型经济，更多是数字化经济的规模报酬递增或外部性导致的，哪家企业能够以最快的速度获得规模经济，哪家企业就会越来越强。数字技术日新月异，在数字技术支撑下信息传输速度、产品升级换代的速度在加快，创新周期在缩短，经济竞争越来越成为一种时间的竞争。不论是生产制造型企业还是服务型企业，谁可以按最快的速度收集、处理和应用大量的数据，第一时间把纷繁复杂的数据变为可供企业决策、生产的知识与信息，谁就能不断满足消费者多样化的定制需求。数字化经济是注重质量也注重速度的经济。

5. 数字化经济是注意力经济

数字化经济下每个人都置身于巨量信息的包围之中，只有独树一帜才能获得注意力，获得更多的关注，并在激烈的竞争中胜出。目前涌现出许多免费的新商业模式，如先通过通信聊天短期聚集大量用户，然后再开通移动支付、电商理财以及生活服务等众多商业功能的应用程序营利模式；通过分享自己的生活方式、个性表演或展示法律、交通、医学、体育、娱乐、游戏等专业知识等，使个人成为品牌，再通过广告展示和营销商品，或者直接将社交流量出售给广告商来变现的短视频直播平台模式；按付费多少决定搜索到的商品、服务、企业及其他内容排名的竞价模式，排名越靠前，受到消费者的关注度就越高，潜在的商业价值就越大。这些新商业模式都是先博得关注，争夺注意力，最后再变现的。

此外，在数字化经济下，各智能互联及数字平台通过数据挖掘技术，抓取、记录用户在互联网上的行为数据，进而分析出用户的行为特点与需求。只要用户曾经在网上搜索或关注过某方面的内容，相关平台就会记录并据此向消费者智能推送类似的本地化的可方便获得的个性化服务，更精确地实现内容传输与受众注意力的匹配，以在碎片化信息的数字化经济环境中，对大量信息进行过滤和选择，满足追求个性化信息消费者的普遍需求，进而赢得市场和创造更多的价值。

6. 数字化经济是传统边界日益模糊的经济

在过去，企业组织通过层层组织沟通结构构建起明显的企业边界与社会区隔，才能比竞争者获取到更全的消费者需求信息，进而有效降低企业的交易成本，不同行业之间也由于明显行业边界与技术和市场壁垒而难以跨越。与传统农业经济和工业经济下的供给与需求经济活动有明显的区分，生产者和消费者有非常明显的界限，数字化经济下，随着数字技术日新月异的发展，旧有边界日益模糊，导致更多的产销一体化以及无边界组织出现。

一方面，在供给上借助数字技术，生产者与消费者之间的距离不断拉近，企业内部的组织架构日渐扁平化；另一方面，同一行业、不同行业之间的边际日渐模糊，不同领域的企业之间在数字技术的作用下，依托数字平台可以打破企业与行业边界，从而实现更大的创新。目前，许多行业企业通过数字化改造，可以在大数据的辅助下，更清晰地了解消费者的需求，进而针对性地开发新产品，在航空航天与汽车制造领域可借助 3D 打印技术按消费者的个性化需求设计、打印新产品，这样厂商在提供产品和服务的过程中可充分考虑与结合用户的需求。

在数字技术下，随着消费者行为数据透明度的增加，不但研发设计环节可融入更多消费者的创意，而且消费者在厂商产品与服务、广告精准投放、大数据营销的指引下，可以参与到产品生产的全过程中，如果消费者在生产、消费过程中发现问题，可将意见或建议通过网络或数字平台及时反馈到生产方产业链各个环节。这种消费者参与生产和消费新模式的出现，使原来的供给方生产由大批量、大规模、模块化、标准化、同质性产品向小批量、分散化、多品种、个性化、多样化、异质性产品转变，甚至单品单件按订单精准生产，用户可全程参与其中，这不仅改变了传统的价值创造体系与创造过程，使需求导向生产、产销一体的生产模式成为现实，进而创造出非凡的价值，而且消费者可通过 3D 打印技术自行生产一些商品，完成产销一体的全过程。

可见，在网络化、数字化、自动化生产组织过程中，数字产业链的不断扩大不仅将商品研发设计过程、加工生产过程、服务提供过程与消费者联结起来，而且将广告精准投放，顾客建议、原料采购、智能制造、大数据营销、智慧物流配送、售后问题预测与服务、消费体验反馈容纳进来，形成全产业链，使商品和服务的全过程得以重塑，资源配置的效率也得到极大的提高。

此外，在社会治理与公共服务供给层面，各地各级政府也可借助数字技术通过电子政务、数字政府、一站式政府建设等多种渠道广泛听取民意，及时了解与分析相关经济社会数据，进而实现科学决策、精准施策，从而有助于提高问题的解决效率，提供更好的公共服务。民众则能够更容易地利用社交网络和政府公共数字平台参与社会治理事务，在不同的政府决策与大量的民意数据通过数字平台汇聚、交融、碰撞下，通过数字平台，政府部门能够更加透明地进行决策和更加全面地为民众提供高质量的服务，不断引导网络民众，凝聚民心，提高政府公信力。在全球层面，数字技术加强了各国的经济往来、文化交流、民间交往。数字技术和数字产品在经济、文化、教育等多个领域都将产生深远的影响。

7. 数字化经济是普惠化的经济

在数字经济 2.0 环境中，人人是平等的，不论是在科技、金融还是贸易领域，每个人可以平等地传播信息、交流沟通、发表评论、经商创业，每个人可以平等地共享数字化经济带来的好处。这就是数字化经济“人人参与、共建共享”的普惠化特点。

在普惠科技方面，以宽带、大数据、云计算为代表的按需服务业务使得个人及各类企业都可以只付出极低的成本就轻松获得所需要的搜索、计算、存储功能；在普惠金融方面，以互联网信用为基础的新型信用评分机制通过大数据统计可以使不同规模的个体得到精准的风险评估，从而让更多的个体更快享受到适合其风险的金融信贷服务；在普惠贸易方面，数字化经济下国际贸易信息更加充分，贸易流程更加方便透明，不论规模大小，各类企业甚至个体都能参与到跨境电商中，消费者能方便、快捷地购买来自各个地点的商品，真正享受到全球卖与全球买的红利，而贸易秩序也将更加公平、公正；在共享经济领域，数字化经济时代下数据自由流动与信息传送速度不断提升，使经济社会各个层面实现自由高度联通，进而引起大量资源的重组、聚合与合理流动，使交易成本和资源配置优化的成本降到最低，广大民众只需要付出较少成本就可聚合社会上大量的闲散碎片资源，并创造出更大的价值，使资源利用效率达到最大化。在数字技术作用下，借助数字平台还可实现资源在全球范围内的组合与重新优化配置，这既为全球节约了闲散资源，提升了全球资源配置的效率，消费者也可享受到更低价的服务，而服务提供者可以收获更大的收益，供给端、需求端以及整个社会可获益，全球福利水平会提高。

第三节　数字化经济发展趋势

现如今的世界正在进行人类历史中范围大、影响深远、作用显著的变化，简单来说就是包含信息技术在内多类别的高新技术面世，并且各个重视信息化与信息产业的国家综合国力有了显著增长，导致各国竞争加剧。在世界范围内，发展中国家和发达国家高度关注本国信息化发展，在这些国家看来，数字革命所造就的信息产业会成为未来加强各国竞争力的战略性产业。

数字化经济是建立在信息化之上的，一般而言，信息化涵盖了以下几个方面的内容，如信息技术的产业化，以及传统产业、基础设施信息化和生活方式信息化等，另外需要注意的是，信息产业化和产业信息化至关重要，因为其中包含了信息的生产与运用。因此，数字化经济呈现出与信息技术、数字技术密切关联的发展趋势。

一、追求更快的市场响应

在消费者需求多变、竞争日趋激烈的背景下，各个企业对于产品和服务作周期性更新的压力也在变大。为解决上述问题，对于企业来说，就应当在需求方面迅速地响应市场，在最短时间内制定、执行新策略，并对有缺陷的部分作合理调整。

为了在最短时间内实现各类策略的响应与调整，就需要企业构建符合市场需求的数字平台。值得注意的是，基于未来发展的需要，已经有越来越多的中国企业开始构建属于自己的信息共享平台。

二、客户导向

客户导向的含义是鼓励客户在产品研发阶段深度参与，从而拉近制造商与消费者的距离，制造出更能满足用户需要的商品。日益发达的网络技术为制造端和消费端的融合创造了条件。

敏捷地发现客户导向已经成为影响数字化经济并推动其发展的重要因素。大数据技术的广泛应用使顾客的浅层次体验和深层次需求都更容易获得，企业需要及时地制定应对策略。电子商务销售商必须实时获取用户反馈，发现顾客的真正需要，并保护好用户信息等隐私。

基于大数据的精准客户画像能够发现用户自己并不知道的潜在偏好，从而更好地服务客户。

三、跨边界合作

对于各大企业而言，为了更快速地对社会的需求作出反馈，就需要最大限度地整合自身周围的资源，并进一步发挥自身核心优势。除此之外，产品研发的压力与规模经济的影响等因素的存在使得企业自身不得不承担一定程度的风险，为了应对风险，就需要通过与其他企业进行合作等方式分散风险。有些时候，这些企业会与竞争对手展开合作，使得双方形成合作竞争的关系。

随着时代的发展，信息技术的存在使得各方在交流成本上有明显的降低，从而使各方广泛和低成本合作得以实现。利用信息平台，合作伙伴之间构建了虚拟企业，这类虚拟企业兼具大企业在资源上的优秀表现，也展现出小企业的灵活性特点，有效促使合作者的竞争力得以增强。在信息技术不断发展与普及的背景下，将会有越来越多的网络应用于企业内部业务和合作伙伴进行业务交流。

四、更加重视产业链生态

信息技术发展迅猛，诸多行业出现断层，这主要是因为行业内的规则随外界环境的变化而不断改变，新对手纷至沓来，新供应商也不断产生。需要明确的一点是，行业内部出现断层会使一部分企业抓住新的发展机遇。

在这一过程中，很多中间环节都有被淘汰的风险，这些中间环节不得不寻求创造新价值的机会。为此，部分企业开始探索自身在价值链其他环节的发展（上游或下游），举例来说，部分制造业开始向服务业转型，也有一些制造业开始寻找自身在价值链中的新定位等。

企业为了更好地处理价值链重构的问题，或是确保客户不会流失以及优化自身供应商队伍，都会主动或者被动地运用数字化的手段。

五、柔性制造越来越普遍

过去由传统经济主导，在这一阶段，商品或服务本身所能够展现出的多样性和它们所能够辐射的范围之间存在着冲突。这主要是因为大众化商品并不会过多地表达个性化，而那些量身定制的商品只会被很少一部分人使用。

在数字技术得到长足发展的今天，上述矛盾得到了一定程度上的解决。这主要是因为各个企业能够以非常低的成本对不同客户需求进行收集并作深度分析，之后利用生产系统进行个性化定制。个性化定制这种生产方式使得每一位顾客都能够享受到个性化产品与服务，在此过程中，也需要企业拥有超高反应能力。

六、数据驱动经济增长

随着物联网技术的应用普及和在线化，人类将迎来“数据核爆”。数据驱动发展范式持续创新，消费者将成为推动创新的核心力量，产业模式的变革围绕消费者需求的变化而展开，生产者和消费者会实现在线常态化。

第二章　国际贸易理论演进

本章主要介绍国际贸易理论演进，主要从四个方面进行了阐述，分别是国际贸易概念与分类、传统国际贸易理论回顾、当代国际贸易理论研究、数字化经济对国际贸易理论的影响与拓展。

第一节　国际贸易概念与分类

一、国际贸易概念

国际贸易就是全球范围内的不同国家和地区之间所开展的货物与服务的交换行为，由此，各个国家和地区能够基于全球分工合作而逐步建立起紧密的联系。

国际贸易指的是世界各国之间进行的对外贸易活动的统称。对外贸易就是某个国家或地区与其他国家或地区之间所进行的商品和劳务的交换。引人关注的是，国际贸易与对外贸易之间的关系不但存在着相同之处，也存在一定程度上的差异。比如，相同之处在于，国际贸易和对外贸易均是跨越国界互换彼此的商品和服务，而不同之处在于，国际贸易多基于经济全球化视角考察各国间进行商品和服务交换的行为；对外贸易主要从一国视角进行研究。

要想对国际贸易展开深入研究，就应紧紧抓住两个概念，即国际货物贸易、国际服务贸易。

（一）国际货物贸易

国际货物贸易的交易方实际存在，所以也叫作有形贸易。有形贸易的进口和出口都要经历通关程序，有形贸易的进出口表现会纳入海关的统计数据，这也是一个国家在国际收支经常项目中的主要关注点。在国际贸易中，商品的种类非常丰富，联合国《国际贸易标准分类》编写的主要目的就是方便各国对贸易商品作统计与分析，而这一标准现阶段被大部分国家承认并使用。根据这个标准，国际贸易商品分为10大类、63章、233组、786个分组和1924个基本项目。其具体分类为0类为食品及主要供食用的活动物；1类为饮料及烟类；2类为燃料以外的非食用粗原料；3类为矿物燃料、润滑油及有关原料；4类为动植物油脂及油脂；5类为未列名化学品及有关产品；6类为主要按原料分类的制成品；7类为机械及运输设备；8类为杂项制品；9类为没有分类的其他商品。[①] 另外，值得关注的是，0～4类在国际贸易中属于初级产品，而5～8类则归属于制成品。

《商品名称及编码协调制度的国际公约》及《商品名称及编码协调制度》（以下简称HS）将商品分为21类、97章、1241个税目及5019个子目，该制度使商品分类更加细致和科学。现使用HS的国家和地区约有200个。我国海关从1992年起采用HS。

（二）国际服务贸易

国际服务贸易就是不同的国家（地区）所进行各类服务的交换活动，本身属于无形贸易中的关键部分。值得注意的是，这一定义真正被大多数国家认可是在20世纪70年代之后，伴随着时间的推移，国际服务贸易发展迅速，极大地促进了世界各国的经济发展，现如今其已经成为评估一个国家总体实力的关键标准。

国际服务贸易主要分为四类，如下所述。

第一，跨境交付。简单来说，就是一个国家跨越国境到另外一个国家提供服务。

第二，境外消费。在一个国家领土内为其他国家的消费者提供服务。

第三，商业存在。一个国家的服务提供者在其他国家的领土范围内通过商业的形式提供服务。

第四，自然人流动。一个国家的服务提供者通过自然人的形式在其他国家的领土范围内提供服务。

总的来说，上述各类别的国际服务贸易受到了世界各国广泛认可。

第一类国际服务贸易即服务提供者和消费者双方互不流动。例如，利用电话、邮件、网络开展金融、信息及其他业务。第二类国际服务贸易由服务消费者利用过境移动的形式实现。例如，开展外国人旅游服务，或是为外国人提供医疗服务等。第三类国际服务贸易与直接投资关联极深，主要指的是将本国生产要素转移

① 贺欣．社会主义市场经济知识[M]．北京：海潮出版社，1993．

至他国境内，之后便将商业机构等做载体服务消费者进而获得收益。比如，国外的企业来到中国境内开设各种公司等。第四类国际服务贸易即服务提供者（自然人）离开本国境内，到其他国家境内为该国的人提供服务所产生的交易。比如，医生、教授、工人等去其他国家为该国人提供服务。

在上述四种类型的国际服务贸易当中，并不会对交易的发生地点进行严格限制。另外，不管交易发生在哪里都会归类为国际服务贸易，其中，提供服务的人就是国际服务贸易的出口方，而那些接受国际服务贸易的人，就是进口方。

总的来说，国际服务贸易的具体表现如下所述。

第一，国际服务贸易的标的有着无形性。在货物贸易中，所有的货物本身是具体存在的，其重量、形态等信息都能够确定。国际服务贸易的标的本身并不具备固定的形态，并且其本身并不是直接可见的。在空间形态方面并不是一成不变，也不是直接可视，看不见摸不着的。

第二，国际服务贸易中对于标的生产与消费始终是同步的，而在国际货物贸易当中，对于商品的生产与消费很难割裂开来，即形成服务价值与创造使用价值的过程、实现服务价值与让渡使用价值的过程、使用价值的消费过程同步。

第三，国际服务贸易的标的是难以储存和反复转让的。货物是可以在时空上分离的物品，它可以储存，可以运输，可以反复转让。服务不能储存，不能运输，不能反复转让。

第四，国际服务贸易通常不会被海关管理，所以并不会在海关统计中表现出来。国际货物贸易必须经过一国的海关，货物的进出口都会在该国的海关统计数据中得到体现。值得注意的是，对于一个国家的国际收支经常项目来说，其中最为关键的一部分就是该国货物与服务的进出口。

总的来说，国际货物贸易和国际服务贸易本身虽然在很多方面存在显著差异，但基于宏观的角度看，它们之间存在着极为深入的相互影响。简单来说，伴随着国际货物贸易蓬勃发展，与之存在一定关联的国际服务贸易也将会获得较大发展。下面我们将举例作详细说明，在国际货物贸易的发展背景下，包括金融、保险、运输等与之存在联系的服务业获得了长足发展，并极大地推动了服务业国际化的实现，特别是当世界市场竞争从价格竞争逐渐向非价格竞争过渡时，无论是对一个国家而言，还是对一个企业来说，要想在国际市场中占据更多的份额，就需要努力提升自身在货物交换中的国际服务水平。所以说，国际货物贸易增长与国际服务贸易的发展成正相关，国际贸易无数次发展实践都深刻验证了这个规律。

另外，国际服务贸易的增长也会反过来有效推动国际货物贸易的发展。例如，文化娱乐相关的服务贸易有效促进了游戏机、电视机等商品贸易量的增加。伴随着运输服务贸易的发展，飞机、火车、轮船、汽车等交通工具的贸易量进一步增加。

二、国际贸易分类

国际贸易活动的类型和性质多种多样，所以在对国际贸易进行深入的研究与分析时，首要任务就是对其做科学分类。

（一）按商品（含各种劳动）的移动方向划分

1. 出口贸易

一般而言，出口贸易就是指一个国家自身加工产出的商品运送至其他国家境内进行销售的行为，也常称作输出贸易。

2. 进口贸易

进口贸易也叫作输入贸易，主要指的是将国外商品输入本国市场销售的行为。

3. 转口贸易

所谓转口贸易即商品的生产国与消费国不会直接交易，所有的商品交易行为都是通过第三国实现的。一般而言，被交易的货物主要存在两种交易的形式，其中第一种就是直接由商品的生产国将交易的货物运送至第三国，之后由第三国根据要求决定是否对这些商品进行加工处理，之后运输至商品的消费国。第二种形式就是商品的运输并不经过第三国，而是直接由商品的生产国运输至商品的消费国，商品的生产国与消费国在不建立直接买卖关系的前提下，引入第三国。此时，第三国在这场交易中主要负责的工作就是转口贸易。

4. 过境贸易

在商品的生产国和消费国的交易过程中，可能需要途经第三国进行商品的运输，此时，第三国就能够征收过境费。于第三国而言，这就属于过境贸易。

5. 复出口贸易

复出口贸易也叫作再出口贸易，即某国在买入某商品之后，不做任何处理便将其销售到其他国家。

6. 复进口贸易

复进口贸易也叫作再进口贸易，即本国在卖出某商品之后，对方不做任何处理又将其销售到本国。

（二）按贸易政策划分

1. 自由贸易

自由贸易主要指的是一个国家在外贸政策上不对国与国的贸易往来进行限制的政策，简单来说，就是不会对贸易活动设置限制条件，也不会为其提供任何优待。自由贸易主张在市场交易中各类竞争行为自由、不受约束。

2. 保护贸易

所谓保护贸易，就是各国在外贸政策上普遍运用各种手段来限制外国企业或货物在其国内市场进行竞争，同时也会对各类外国货物的输入进行一定程度上的限制，在此过程中，该国还会为本国的出口商出口该国货物的行为提供优惠补贴，以进一步促使他们扩大出口。

3. 统制贸易

统制贸易就是某些国家建立专门机构并运用本国政府的行政力量对所有对外贸易活动进行统一管理。

（三）按贸易关系划分（是否有第三国参与）

1. 直接贸易

商品的生产国与消费国之间没有经过第三国，而是直接对自身所需商品进行购买和销售的行为，就是直接贸易。通常情况下，这种形式的贸易不会有第三国参与，参与交易的两个国家各阶段的交易工作都是直接进行的。

2. 间接贸易

间接贸易当中，除了交易双方，还有第三国的参与，这种交易形式之所以达成，主要是由于各方因素的限制，出口国和进口国无法直接开展贸易活动，只能由第三国参与其中。

间接贸易的产生有政治上的因素，也有交易双方信息不畅等因素的影响。

（四）以货物运输方式为标准的分类

1. 陆路贸易

陆路贸易就是通过路上交通工具对贸易商品进行运输所开展的贸易，常用于地域接近的陆上邻国之间。

2. 海路贸易

海路贸易就是通过各类海上交通工具对商品进行运输所开展的贸易，因为比陆上运输更为方便快捷，所以海路贸易最为常用。

3. 空运贸易

空运贸易就是通过飞机等空中交通工具对商品进行运输所开展的贸易，通常情况下，这种运输形式会用于各类价值较高或加急的商品。

4. 邮购贸易

邮购贸易就是通过邮寄包裹对商品进行运输所开展的贸易。

5. 多式联运贸易

多式联运贸易是指至少融合了前文所述诸多运输手段中的两种，并基于此开展的贸易活动。

（五）以贸易统计方法为标准的分类

1. 总贸易

总贸易就是一种以是否跨越国境线为标准，对商品的进口与出口进行划分的贸易方式。通常情况下，总贸易包含总进口与总出口两种形式。其中，总进口主要包含那些跨越国境线进入本国的商品，而总出口则包含那些跨越国境线离开本国的商品。世界上有很多国家都使用了这种统计方法，如美国、英国、加拿大等。

2. 专门贸易

专门贸易是指对于商品本身的进出口情况进行判断时，将关境标准作为主要依据的贸易活动，分为专门进口与专门出口两种。专门进口是指外国货物直接入境，以便本国消费，以及由保税仓库申请入境的商品；专门出口是指运出关境的本国货物与进口之后经过处理而再运出关境的商品。值得注意的是，德国、意大利和法国都使用了这一统计方法。

（六）按参与贸易国家的多少划分

1. 双边贸易

双边贸易就是两国共同参与的贸易形式，在此过程中，两国贸易主要依靠彼此之间的进出口贸易实现，两国的进出口额应基本平衡。这种贸易形式在外汇管制的国家中比较普遍。另外，现如今也常常用来指代两国贸易关系。

2. 三角贸易

三角贸易就是三个国家之间相互进行出口与进口，并通过协调来保持外汇平衡的重要手段。值得注意的是，三角贸易的出现是因为两个国家进行双边贸易时彼此所生产商品在对方国家没有市场，或贸易双方在外汇方面不能满足交易需求等，因为上述问题的存在，所以交易双方常常会在交易中引入第三国。值得注意的是，为了保证三国的三角贸易能够顺利进行，需要签署相互贸易自由合约。

3. 多边贸易

多边贸易就是三个或更多的国家彼此交换商品并进行多边清算的方式。通过多边贸易，各国将会更方便地开展贸易活动，保证本国外汇始终处于平衡状态。

（七）按清偿方式的不同划分

1. 现汇贸易

在贸易过程中选择使用现汇进行结算的手段视为现汇贸易。考虑到现汇在实际操作中展现出的方便性和应用范围的广泛性，它有能力与其他货币进行兑换，因此在国际贸易中，这种结算手段最为普遍。在选择结算方式时，信用证、托股和汇票等都是合理的选择。

2. 记账贸易

记账贸易就是由两国政府共同签署的贸易协议，在这份协议中规定两国按照每天记账的方式对彼此的贸易活动进行结算。这种贸易方式使得两国在开展贸易活动的短时间内并不需要使用现汇进行结算，只需要在约定时间直接付清货款即可。这种贸易形式所收取的外汇归属于记账外汇，值得注意的是，这种类型的外汇不能够自由使用，只能够用于参与制定协议的国家之间。

3. 易货贸易

易货贸易就是以物易物，通过彼此之间商品互通，进行货物交换实现交易。这种贸易形式适合那些外汇短缺或因其他多种因素不能自由结汇交易的国家。

（八）按交易方式的性质划分

1. 商品贸易

商品贸易就是在商品买卖的过程中，以纯商品方式进行的贸易方式。值得注意的是，这一贸易方式当中包含了部分比较细致、具体的交易方式，如经销、代理、寄结、拍卖等。

2. 加工贸易

加工贸易就是借助自己国家的人力、物力、技术等优势，将原材料、半成品、图纸等由国外进口到自己国家，进行加工或者组装从而获得成品，然后对外出口的贸易方式。

3. 补偿贸易

补偿贸易就是交易中的一方在获取对方的各项技术设备之后，通过使用这些技术设备进行商品生产，并在一段时间之后，由该方将自己所生产的商品进行销售，并将相关货款支付给技术设备提供国。一般情况下，这种贸易形式的一个前提就是购买方资金并不充裕，并且这也对卖方向其他国家推销自己的商品有着极大促进作用。

4. 租赁贸易

租赁贸易的核心是租，这意味着在这种贸易模式中，租赁公司主要采用租赁的方式将商品销售给外国消费者，而消费者并不需要支付商品的货款，只需要提供较少的租赁费用。租赁贸易主要涉及以下几个方面：通常被租赁的商品是价值较高的设备、工具等；该租赁公司对货品具有所有权，并能按计划收取租金；当租户面临购买设备资金不足的困境时，他们可以选择租赁的形式来获取先进设备。在国际贸易活动中，租赁贸易起到了关键作用，受到众多国家的欢迎，逐步发展成为租购结合的形式，也就是先租赁，在合同所约定的时间到来之后，商品的所有权归租户，由此使得租赁贸易中双方的关系发展成为买卖关系。

第二节　传统国际贸易理论回顾

一、比较优势理论

比较优势理论产生于 19 世纪，代表人物为英国经济学家大卫·李嘉图（David Ricardo）。他在《政治经济学及赋税原理》一书中指出，产生国际贸易的原因是各国生产技术的相对差别及相对成本优势，从而在修正绝对优势理论错误的同时，将针对国际贸易基本原理的研究推向一个新的高度。

大卫·李嘉图的比较优势理论其实是在亚当·斯密（Adan Smith）的绝对优势理论的基础上发展而来的。按照绝对优势理论，世界各国必须按照禀赋情况进行国际分工，一国的出口商品都要是绝对优势商品，而进口商品全部是绝对劣势商品。很显然，这样的观点是片面的，大卫·李嘉图意识到了这一点并重新进行了表述，即各个国家只需生产那些利益相对较大、风险相对较小的商品即可获益，从而扩大了国际分工的范围，增强了国际贸易可行性。在他看来，从事国际贸易的各国在各方面都有很大不同，这些不同促使国际贸易得以蓬勃发展。国际贸易能让各国互相协调，以期获得各自所需的商品。除此之外，国际贸易也能让各国实现规模经济，所以各国专注于生产本国擅长或者具有相对优势的少数几种产品，并不生产本国所需的全部产品。

大卫·李嘉图利用机会成本对比较优势理论进行了详细研究，也就是说，如果一个国家（地区）在生产同一种商品时，其付出的机会成本低于其他国家（地区），那么该国家（地区）在生产该商品方面有一定的优势。所以说，若是世界范围内的各个国家能够明确自身商品的比较优势，并据此开展国际贸易，就会有效促进世界经济规模的扩大、商品生产效率的提高。在大卫·李嘉图看来，国际贸易的存在基础就是比较优势理论，而不是以亚当·斯密提出的绝对优势理论为基础，也就是说某国为了确保自己生产的商品能够在世界各国生产的商品中有优势，就需要选择具有比较优势的商品进行生产，工资水平是由劳动生产率决定的，劳动生产率越高，生产者的工资水平也相对越高。

在国际贸易中，比较优势理论十分关键，影响极大，有效促进了国际分工的落实与各国贸易壁垒的消解。然而需要明确的一点是，这一理论也存在问题：其一，该理论的应用需要满足十分苛刻的假设条件，例如，假定贸易行为中只有两个国家（或地区），以及两种产品、一种生产要素，没有规模经济；只关注贸易过程中的商品交换，并不关心这一过程的复杂性；在国际贸易中各国不设置贸易壁垒，实现自由竞争等。其二，比较优势理论之所以能够应用，是因为两个国家在同一种商品的生产中各有优劣，二者的机会成本水平相当，那么就不能用比较优势理论对贸易动因与模式进行阐释。

伴随着时间的推移，大卫·李嘉图的比较优势理论很难适应时代发展，无论是解释力还是适用性上都不尽如人意，如今诸多学者对这一理论进行了深入且细致的探索与创新。比如，多恩布什（Dornbush）等人基于大卫·李嘉图的比较优势模型创造出了两国连续产品模型，之后通过这一模型，我们能够清楚地了解技术进步与供需变化等因素对均衡产生的作用，这一结果在很多场合适用。伊顿（Eaton）基于两国连续产品模型建立了多国模型。借此，人们逐渐认识到了一个普遍的规律，也就是基于比较优势理论所形成的贸易动机会因为交易国之间距离的增加而逐步减弱。简单来说，一个国家往往倾向于向地理位置最接近自己的国家出口最便宜的商品，而向地理位置离自身相对较远的国家出口价格较高的产品。多国模型对贸易进行不同层次的分析，并最终验证了自由贸易本身所具备的多边互利性。

二、要素禀赋理论

根据要素禀赋理论，国际贸易理论融合了关于各种生产要素的思考，这一手段进一步解决了传统比较优势理论仅关注单一生产要素的问题，之后还通过对各类生产要素的具体情况进行分析国际贸易运行的根本目的以及各种模式。在比较优势理论当中，常常不关注现实生活中的诸多变量，将劳动认定为存在的生产要素，基于劳动所产生的生产率也存在差异，这使得比较优势理论有着明显的差异化表现，与之对应的，贸易模式在这一背景下也有着不同的表现，现实中劳动生产率的差异不能充分解释贸易动机与模式。之所以出现这种情况，主要是各国不仅在劳动生产率上差距明显，在资源的拥有与掌控以及各类生产要素上也不尽相同。

要素禀赋理论指出，不同国家的要素禀赋差异会使得要素价格有一定的差异，进而又会影响到产品的价格，值得注意的是，产品价格的不同促使国际贸易越发繁荣。所以说，要素禀赋的差异化表现是导致国际贸易产生的依据。该理论指出，各国参与国际贸易的真实动机或目的在于本国基于丰富的要素禀赋所生产的商品进行出口，并进口本国并不拥有的稀缺要素所生产的商品，即所谓的优势互补、互利共赢。同时，要素禀赋理论也认为，各国通过国际贸易实现了彼此之间资源的流通，由此促使各国间资源实现均等化。

第三节　当代国际贸易理论研究

一、新贸易理论

新贸易理论是以克鲁格曼（Krugman）为首的经济学家群体提出的，其中包含了诸多与国际贸易动因、国际分工的关键因素、贸易保护主义产生的影响，也有关于合理贸易政策的思考等内容。

（一）新贸易理论的产生

古典和新古典贸易理论（统称为传统贸易理论）认为，国家间技术、要素禀赋或需求的差异直接导致了国际贸易的产生，并假设认为市场可进行全面竞争且各类产品与规模报酬并无分别。在这些前提下，贸易双方应该是技术、要素禀赋等方面差异明显的国家，如发达国家与发展中国家，这与20世纪中期之前的国际贸易模式及格局相一致。

在20世纪中期之后，科学技术飞速发展，各国经济发展迅猛，国际贸易日益增长：经济发展水平相似的发达国家之间的贸易比重大大提高，占世界贸易总额的比重高达70%以上，同类产品之间的贸易量迅速增加，产业内贸易成为国际贸易的主要形式。我们可以明显发现，传统贸易理论于此并不适用。

在新产业组织理论的推动下，从20世纪70年代末到20世纪80年代，克鲁格曼等学者将偏好、规模经济、技术变革等概念与贸易理论进行了深度结合，从而探索出：即便技术和要素禀赋存在较大差异，规模经济仍然可以引导国家进行专业化分工并开展贸易，改变了国际贸易理论的面貌。这些理论模型虽然因不同的假设前提而有差异，但都会考虑两个重要方面：第一，基于产品差异性的需求设定；第二，与规模报酬递增相联系的非完全竞争因素。前面用来解释产业内贸易的新张伯伦模型和相互倾销模型就是其中的例子，我们把这些理论模型统称为新贸易理论。

在这些理论模型中，影响力最大的是克鲁格曼提出的新张伯伦模型。该模型对近30年来国际贸易理论的发展有着深远影响。

（二）新贸易理论的发展

克鲁格曼进一步优化了新张伯伦模型，从而增强了该模型的扩展能力。在克鲁格曼修正之后，新张伯伦模型允许运输成本这一变量加入，且贸易双方可以有较大差距，“本国市场效应”这一概念也得以产生，简单来说，它就是在国家间开展贸易的过程中，自身规模比较大的国家将会生产出更多的产品，并在大量产品的支持下最终成为这一产品的净出口国。这一概念是基于区位理论中的一个观点产生的：因为规模报酬和运输成本的增长，各类生产活动更喜欢集中在大市场周围。这主要是因为，通过在大市场周边聚集，厂商不但可以进一步减少运输的成本，也能够更好地实现规模经济。在开展国际贸易的过程中，市场对某一差异化产品需求比较大的国家会率先实现这一产品的规模化生产，之后因为规模经济的产生有效降低了成本，继而发展为这一产品净出口国。对于别的国家或地区而言，最划算的做法是用生产聚集的该国进口价格低廉的产品来满足相对较小的需求。

“本国市场效应”为国际贸易模式、贸易结构的研究提供了一个新视角，这一结论激发了国际贸易学界的研究兴趣，成为国际贸易前沿理论新经济地理学的理论基石之一。

新贸易理论是一场对传统贸易理论的革命，但它并非完全否定及替代传统贸易理论。克鲁格曼通过《产业内专业化分工与得自贸易的利益》融合了这两种理论，并构建了一个综合性框架。克鲁格曼对要素禀赋的相似性与贸易模式之间的联系进行了深入分析，他认为，当两个国家的要素禀赋相似程度越高时，它们之间的贸易就会更多地呈现出产业内贸易的特点，而产业间的贸易模式则更有可能成为主导。这意味着新贸易理论和新古典贸易理论并不是相互对立的，而是相互补充的。

（三）新贸易理论的贡献和缺陷

1. 新贸易理论的贡献

新贸易理论的提出最显著的作用就是极大地增强了贸易理论的作用，解决了传统贸易理论潜在的各种问题。新贸易理论也能够对国际分工进行解释说明，并在指导现实贸易上有积极作用。在新贸易理论看来，不同历史时期的各类新产业与各种新型贸易模式的出现极具偶然性。鉴于工业产品的丰富性，一个国家不能够涵盖一个行业全部产品的生产，这使得国际贸易存在。值得注意的是，在各国的分工上并未加以明确。简单来说，不同的国家在产业分工中所拥有的产业常常是分工开始之前自身的条件所决定的。一旦分工确立，自身所拥有的优势产业会因为路径依赖的问题而在一个相对长的时期内持续存在。克鲁格曼模型看似简单，但其内部实际上已经包含了混沌理论里的蝴蝶效应概念。值得注意的是，新贸易理论为后续的贸易理论研究构建了一个能够充分进行深入挖掘的分析结构，而新新贸易理论正是基于新贸易理论形成的。

新贸易理论可以帮助我们更为深入地研究经济增长问题。人们日益相信规模经济应成为说明贸易和增长关系的关键。埃西尔（Ethel）利用迪克西特（Dixit）、斯蒂格利茨（Stiglitz）提出的垄断竞争模型探讨了规模经济和增加中间品种矛盾。正是这一模型的诞生使得罗默（Roemer）、格罗斯曼（Grossman）和赫尔普曼（Helpman）提出了内生增长理论。该理论和新贸易理论与最终品类别的丰富将带来较高消费效用的观点相近。值得注意的是，伴随着差异化投入品类别的增加，将使产出量得到提高，并有效推动经济发展。根据新贸易理论，在开放贸易环境下，各类产品能实现自由贸易，并且知识也能够自由流通，在此过程中，贸易的增长速度将会提升，从而使所有国家能从中受益。因此，新贸易理论视角下的贸易能够利用增加差异化中间投入品来促进一国产品的创新，进而带来经济增长，其中最为关键的前提就是在全球范围内知识本身存在溢出效应，发达国家的很多产品因为发展中国家的低成本优势而无以为继，只能够不断精进自身技术，实现产品创新。对于发展中国家来说，为了紧随时代发展的步伐，就需要加深与国际市场的交流，不断学习发达国家的先进技术，改善营商环境，加快全球范围内的知识技术传播。格罗斯曼和赫尔普曼深入研究了内生增长理论，并积极探讨了这一理论在国际贸易中的应用。另外，内生增长理论与克鲁格曼的垄断竞争贸易理论有一定的联系，简单来说，格罗斯曼与赫尔普曼关于贸易和内生增长的理论可看作克鲁格曼贸易理论的动态化表现。

2. 新贸易理论的缺陷

需要明白的是，新贸易理论并不是完美的，也有不足之处，最大的问题就是该理论认为世界上的所有企业并无分别，并不认为企业有异质性表现。这一理论很难解释部分企业会不断实现自身规模的扩大，而有些公司为何会被时代抛弃，无法阐明在贸易开放之后公司间的竞争而带来生产率增长的益处。这些不足恰好推动着新贸易理论的诞生与深度发展。

在新贸易理论当中，难以解释国内贸易为何会转变为国际贸易，其内在机制如何并不明确，简单来说，就是无法解释为什么在国际贸易前景广阔的背景下，需要以国内贸易作为自己发展的起点。值得注意的是，尽管“贸易障碍”由新贸易理论提出，但是在这一理论模型中并未对相应的变量进行说明，这直接导致交易活动只能够在统一的市场中进行。总的来说，在均衡的状态下不会出现相互隔离的市场。

二、新新贸易理论

（一）新新贸易理论的产生

包括新贸易理论在内的各类贸易理论都是从国家或产业的角度进行分析的，而在这些模型中，所有的企业并没有做明显区分。20 世纪末期，随着国际贸易日益繁荣，人们开始重新审视新贸易理论对现实世界的解释能力，这主要是因为众多实证研究表明，在一个国家当中，并不是所有企业倾向于进行对外贸易活动。1999 年，美国仅有不到 5%的企业存在出口业务，而在出口企业中排在前 10%的企业的出口总额占到全国出口总额的 96%[①]。

除此之外，针对德国、西班牙、加拿大和法国等国家（地区）的企业进行的

① 张为付．国际贸易学[M]．南京：南京大学出版社，2022．

实证研究也显示，不管是哪一个国家或地区，只有极少数的企业参与出口业务。对于那些同种类型的产业，不管是从事出口还是非出口的企业，无论是在劳动生产率还是工资标准等方面，都表现出十分明显的差异。一般情况下，在劳动生产率与工资标准的对比中，从事出口贸易的企业会表现得比较出色。这些区别被视为企业内部的异质性。不管是传统的贸易理论观点还是新贸易理论的观点，它们都不能为国际贸易中的诸多细节提供有力的说明。

在美国哈佛大学教授梅里兹（Melitz）的《贸易对行业内资源再配置与行业整体生产率的影响》中，就对其总结的异质企业贸易模型进行了详细阐述，正是由于这一新模型的诞生，关于国际贸易的研究终于探索到了新的发展方向，在这之后，新新贸易理论得以形成。

新新贸易理论虽然继承了新贸易理论的部分假设，但是削弱了关于同质企业假设的限制，并且进一步改进了克鲁格曼垄断竞争贸易模型，由此也能够更为深入地研究企业层面上的贸易理论。

新新贸易理论分为两大类，其一是由梅里兹等学者创建的异质企业贸易模型，其二是由安卓斯（Andros）等学者创建的企业内生边界模型。

通过异质企业贸易模型，我们能够深入探析不同企业选择出口贸易与否的根本原因。另外，借助企业内生边界模型，我们能够积极探索出影响公司选择何种方式进行资源配置的决定因素。上述两类模型都对企业开拓海外市场时，其贸易方式是出口还是国外直接投资进行了深入研究。

（二）异质企业贸易模型

1. 梅里兹模型

企业异质性一般会在其自身的生产率与生产质量、专用性技术、工人技能等因素的差异中加以呈现，并且企业生产率差异的影响最大。梅里兹提出了异质企业贸易模型，该模型对垄断竞争贸易模型做了进一步的优化与拓展，并且还在这一新的模型当中添加了企业生产率的不同表现，由此也能够更为深入地分析不同企业的出口决策对于自身国际贸易的影响。

梅里兹模型产生主要是因为企业本身有异质性表现，这将会使得市场份额受外界环境的影响而不断进行配置调整，最终逐步由高生产率的企业获取。稍弱的企业将难以抢夺市场份额，最终不得不离场。由此，就能够进一步促进全行业生产率飞速上涨。

（1）基本框架与封闭经济条件下的均衡

无论是需求函数，还是供给函数，异质企业贸易模型都与垄断竞争模型相同，唯一的不同之处在于，异质企业贸易模型给出了一个对企业生产率因素加以考虑的总成本函数。在梅里兹看来，行业中的企业和新进入企业面临着不同但相互联系的约束①。关门生产率也就是人们常说的关门条件或零利润条件。对于企业而言，若生产率大于关门生产率则企业能营利；若生产率低于关门生产率，则公司退出市场。

另外还需注意的是，很多新加入企业面对的关闭条件与之前的企业相同，但区别在于，新加入的企业需要承受沉没成本，所以说，为了明晰自身是否有能力在这一行业占据一席之地，就需要在决策之前根据自身未来的利润流进行评估判断。这些企业应当遵循严格的限制条件，其中最为重要的就是自身的企业价值需要为零。

在梅里兹的研究中，明确强调了关门条件下的平均利润归类为关门生产率减函数，与之相反的是，新加入企业的约束条件中，平均利润是以关门生产率增函数的形式出现的。对上述两种函数结果所绘曲线的交汇点进行研究能够明显分辨出平均利润水平与关门生产率，而这也正是行业内部两种不同类型企业对于关门生产率所作差异化反映的最终结果。也就是说，关门生产率高涨，就会直接导致企业利润下降。对于新加入这一行业的企业来说，若是关门生产率持续走高，那么自身就越难在这一行业有所作为。如果他们能够成功地在这一行业占据一席之地，那么他们就可以获得庞大收入，也可以进一步促进这一行业平均利润的上涨。值得注意的是，在一个行业当中，其关门条件能够直接认定为这一行业内部各企业的退出条件，正是因为旧企业退出、新企业加入，所以这一行业逐步建立起了均衡状态。

简单来说，只要对均衡状态进行保持，企业的关门生产率得以明晰，那么该行业内部的平均生产率与平均利润水平等信息也能够得到明确。下面我们做一个假设，即在封闭经济中，只进行劳动要素的投入，在关门生产率不断增加的前提下，行业内部的企业数量将会越来越少，而在关门生产率达到某一水平不再变动的情况下，行业内企业数量就将保持不变。总的来说，封闭经济条件下的行业平均生产率将直接受到关门生产率的影响，若是市场本身已经形成了一定的规模，那么这个时候的行业生产率要想获得一定程度上的增长就需要借助单个企业生产

① 曲如晓．中国对外贸易概论第 5 版 [M]．北京：机械工业出版社，2022.

率的增长，而借助重新分配行业内各企业的市场份额这一手段来改变行业生产率并无作用。

(2) 贸易对行业内重新配置和行业生产率的影响

在一个开放的经济环境中，行业的生产效率已经找到了新的发展方向，也就是通过重新配置市场份额来进一步提高行业的生产率。在特定的行业当中，有些企业有机会在国际市场开疆拓土，而其他的很多企业则只能专注于国内业务，这主要是因为进入国际市场所需的成本比国内市场多得多。异质企业贸易模型使用贸易沉没成本对那些在出口活动所需承担的额外边际成本进行了详细阐述，并且，所有进行贸易活动的企业也需要承担固定的进入成本。

在开放经济的大背景下，一个行业分为国内和国际两大市场。这个行业受到了贸易成本和进入国际市场所需沉没成本的共同影响。因此，它可以细分为三种模式，分别为封闭经济、开放经济和国际市场的关门生产率。不管是从理论框架还是实际应用的角度来看，封闭经济的关门生产率表现最为不佳，而国际市场的关门生产率表现最为出色，与此相对的，开放经济的关门生产率则显得中规中矩。

对于所有从事贸易的企业来说，若是自身生产率比封闭经济的关门生产率还低，那么他们就没有这个行业的价值，只能退出。那些生产效率虽然比封闭经济关门生产率要高，但比开放经济的关门生产效率低，在没有进行对外贸易的前提下，该企业能够在国内继续存在。在开放经济的背景下，国内的关门生产率会与开放经济关门生产率持平，此时这些企业不得不退场。

若一个企业的生产率比开放经济的关门生产率要高，却又比国际市场的关门生产率更低，那么这一企业就很难开拓国际市场，只能专注于国内的业务活动。值得注意的是，上述情况并不绝对，若一个企业能够通过自身在国内所获利润对自身在开拓国际市场的过程中所遭受的损失进行弥补，在这一背景下，或是出于其他原因的影响，这些企业可能会选择在国际市场开拓业务。需要明确一点，这可能会对它们的综合利润水平产生一定影响，若企业在开拓国际业务的过程中所遭受的损失无法通过国内市场的利润进行填补，那么它们将面临整体亏损的情况，这些企业就不会涉足国际业务。

要想开拓国际市场，企业的生产率需要超过国际市场的关门生产率，这些企业才能够占据一定的国际市场份额，也能够实现营利。

上述内容阐明了为何某些企业仅专注于国内业务，而某些企业则选择开拓国际市场，不同企业的能力不同，直接导致了行业内部各企业所占有的市场份额出现了新的变化，也就是说，贸易能够充分促进行业生产率的提高。新新贸易理论的核心思想是贸易生产率的主要逻辑，简单来说，贸易能够进一步促进行业生产率的提升，这意味着在封闭的经济环境中，原本有能力生产的较小规模的企业将不得不放弃这一行业，之后，市场份额会被那些生产率更高的企业占有。在这一背景下，就算包括企业技术水平在内的多种因素不产生变化，伴随着关门生产率的增长和低生产率企业的淘汰，整个行业生产率水平也将会获得明显的提升。总的来说，新新贸易理论的观点是自由贸易能够有效提升行业生产率，也能够重新分配市场份额并保证不会削减社会福利。尽管自由贸易可能导致国内企业的数量减少，但国内消费者可以通过外国企业购买更为经济实惠且种类更为丰富的商品。

2. 梅里兹模型的扩展

梅里兹模型可将潜力与对外直接投资进行融合。赫尔普曼、梅里兹和耶普尔（Yeaple）对梅里兹模型进行了进一步的探索与发展，他们结合在企业可能选择海外设立分公司这一变量，简单来说，就是企业的国际化发展不只进行商品的出口，还可能在国外直接进行投资。研究者对企业的不同选择进行了深入探讨，是选择仅在国内进行生产，还是同时在国内生产和出口，或者同时在国内生产和在国外进行直接投资。该模型探讨了劳动生产率的不同和出口的固定成本是如何影响企业在国际市场上的决策的。研究者主要持有这样的观点：出口企业需要承担固定的出口成本，其固定成本相对于不出口企业要高，而与出口企业相比，外国直接投资企业的总固定成本则更为高昂。研究得出的结论如下：正是因为企业生产率存在一定的差异，为企业提供了自主选择的机会。一般情况下，我们会按从高到低的顺序将生产率分为四类，其中生产率排第一的企业不仅在国内运营，还在国外进行直接投资，从而崭露头角成为跨国企业；生产效率排第二的企业不仅在国内运营，还进行出口；生产率排第三的企业仅在国内进行生产和销售；生产率排第四的企业将会离开这个行业，这主要是因为它们很难从这一行业中获取利润。另外，研究者指出，在贸易摩擦比较少或是规模经济比较大的情况下，生产率排名在第一、第二的企业的主营业务是出口，并不会重视在国外进行直接投资。

伯纳德（Bernard）、瑞丁（Rgdeen）等利用梅里兹模型构建了一个综合考虑企业异质性的全球经济模型，并进一步研究了其中所涉及内容如何影响比较优势。该研究模型深入探讨了自由贸易对生产率有着怎样的影响，并发现在比较总是成本因素的贸易活动中，那些在比较优势理论上表现较为突出的企业在出口生产率上表现最佳，并且其在行业内的重新配置效应最为显著，同时行业生产率的提升速度也是最快的，进一步挤压了低生产率企业开拓国际市场的空间，同时也有效促进了关门生产率的显著提高，这进一步导致更多低生产率企业离开这一行业。伯纳德、瑞丁等人的深入研究为我们进一步揭示以下内容，即在贸易成本降低的前提下，那些在比较优势理论上表现良好的企业更有可能选择重点开展出口业务，同时会扩大规模和增加数量，也使得那些在比较优势理论上略逊一筹的企业获得一定的机会。

（三）企业内生边界模型

在走向国际化的道路上，企业面临两个抉择：首先，决定要不要进军国际市场，也就是说，是选择继续在本土运营，还是决定进军国际市场；其次，企业应该如何进入国际市场，是出口还是在国外直接投资。过去的一些理论模型可以解释为什么本国的企业有在外国进行生产的激励，但没有办法解释在海外的相关生产为什么会归为企业的边界之内，而不是通过常见的方式进行海外生产，如分包与市场许可等方式。对于新新贸易理论来说，其自身所具备的企业内生边界模型主要基于单一企业的组织选择，并将国际贸易理论与企业理论进行融合，使之构成统一的框架并开展研究。关于企业的边界，存在以下两个比较常见的模型，其中一个是将科斯（Kose）和威廉姆森（Williamson）的交易成本理论融入企业国际化研究中实现；另一个就是格罗斯曼、哈特（Hart）、摩尔（Moore）提出的产权理论。安卓斯融合了产权理论与贸易理论，构建了一个专门针对企业内生边界的产权模型，以便更准确地分析跨国公司的市场定位和控制策略。

1．企业内生边界产权模型

对于那些在企业边界内部进行中间投入品制造的企业来说，它们的生产地并不会局限在国内还是国外。一般而言，如果在国内生产，那么这家企业的主要业务就是实施标准的垂直整合；如果该企业在国外进行生产，那么它主要进行的是国际直接投资以及公司内贸易活动。除此之外，如果一个企业选择外包中间投入品，那么它的外包地点选择包括国内与国外。简单来说，如果在国内购置了投入品，那么就属于国内外包。当企业在国外进行投入品的采购之后，我们通常称之为国际外包，也叫作离岸外包或是国际贸易。

安卓斯所构建的企业内生边界产权模型提出了这样的假设：存在两个不同的部门，它们的资本密集度各不相同，并且每个部门的产品都有其独特的异质性表现；彼此之间的贸易不涉及任何成本，各个国家之间在要素价格上并无显著差异；

最终商品是非贸易品，所以全球贸易主要是中间投入品贸易。由于契约本身存在不完全性，专用投入品的生产成本不能明确地记录在契约之中。因此，最终产品的生产商可以提前为专用投入品的生产提供资金支持，从而有效地解决潜在问题。当这样的投入达到一定的规模时，最终产品的生产者能够高效地控制中间投入品的生产，这可能会催生出一体化行为，也就是促使跨国公司与公司之间实现内部贸易。反之，如果这样的投资相对较少，那么外包就会出现。经过对美国进口行业的深入实证研究，安卓斯观察到公司内部的进口在美国进口中所占的比重相当大。这些进口公司通常具有较高的资本和技术密集度，并在国际贸易中展现出其特有的技术或组织上的先进表现。美国的出口行业研究显示，企业的内部出口在美国出口中所占的比重相当大，而且美国的出口企业在资本和技术密集度上超过了进口企业。这意味着在企业国际化的决策过程中，企业的异质性起到了关键作用。

2. 全新的企业内生边界模型

企业内生边界产权模型重视组织结构差异，而梅里兹模型重视生产率差异，安卓斯和赫普曼将二者进行了融合，从而构建了一个全新的企业内生边界模型。这一模型旨在解释为何海外生产更多是在企业的边界内进行，而非通过交易、外包等手段实现。

全新的企业内生边界模型对南北两国之间的贸易状况做了一定的探讨，关于模型的假设如下所述：南方指代发展中国家，北方指代发达国家。基于这一前提，设定南方工资水平相对较低，只有劳动才是生产的核心要素，最终产品是在北方制造完成的。在这一过程中，中间投入品的生产可以在南方也可以在北方完成。模型还假设所有生产成本都是关系专用性的。

模型发现，企业的组织形式取决于该企业所提供的总部服务的重要性。一般来说，企业所处的产业不同，要求其提供的总部服务不同。如果一家最终产品制造商所处的产业要求该企业为其中间投入品供货商提供大量的高成本的总部服务，即该企业总部密集度高，那么它会选择垂直一体化，不会依赖从企业外部进口中间投入品，而是将中间投入品的生产纳入自己的企业边界内。相反，如果该企业的总部密集度低，它会选择将中间投入品生产外包，因为外包可以加强对中间投入品生产的激励。

在这个模型中，当企业做出一体化的决策时，这通常视为企业对自身内生组织界限的主观调控。这意味着，很多企业在掌控异质性要素之后，就能够发挥自主性来选择适合自己的生产方式与相应的组织制度。重视技术的企业很多都会选择使用一体化策略，主要是基于母公司与子公司或子公司之间的内部贸易，而对市场的依赖性相对较低。该模型还能够阐明国际外包成本的降低为何会引发市场交易相对于企业内部贸易的增加，进而为当前的国际贸易和国际投资模式提供解释。此外，该模型也采用和梅里兹模型类似的均衡分析方法，结果也发现了即便在同一产业内部，不同企业间生产率的差异会影响企业进入国际市场的决策。

3. 一般均衡模型

基于前面提到的模型，安卓斯构建了动态的一般均衡模型，旨在对那些由于国际契约本身的影响而产生产品周期的情况进行研究、分析与阐述。在北方，企业在制造产品的过程中，投入品的选择基于高技术与低成本的原则，其生产流程追求简洁。在制造技术含量较低的产品时，可以选择外包等策略，并且不会对生产地点进行过多的约束。在生产过程中使用两种不同的投入品，其相似性至关重要，如果它们都是在北方制造的，那么企业本身的组织结构就不属于关键的影响因素，并不需要多做关注，由于质量条件契约的影响，很多工作具有事后可执行的特性。然而，我们必须认识到，如果同一件商品分别在两地生产，那么这一契约的执行可能会受到阻碍。随着时间的推移，高技术投入品的价值会逐渐走低，此时产品周期逐渐显现，相关企业为了在产品的制造中获取更多的利润，将会迁移到南方，以充分利用其低工资的优势。

这样的迁移首先会在企业边界内通过向国外进行直接投资实现，并在企业的边界外选择外包的方式加以深入。一般均衡模型显示，南方的不完全契约导致南方的用人工资比北方低，从而建立起低工资优势。毕竟对于企业而言，利润是最终目的，所以自身所有手段的最终目的都是营利。

（四）对新新贸易理论的评价及其政策启示

近年来，新新贸易理论成为一种极受欢迎的国际贸易前沿理论。这一类的理论旨在阐释最新的国际贸易和投资动态情况，并选择微观企业作为研究目标，深入探讨企业在全球范围内的生产组织行为以及贸易投资活动。值得注意的是，这一理论最显著的特点是，它假设企业是异质的，也就是在这一理论看来，不同的企业之间存在一定的区别，相比于传统的只注重产业层面研究或是认为任何企业都是同质的等贸易理论来说，它更具新意也更能满足现如今贸易研究领域的需求。

目前异质企业贸易模型已得到广泛应用，它在新的贸易理论基础上融入了企业层面的异质性概念，利用企业面对国内市场、出口市场和对外直接投资时不同的固定成本，解释了企业间差异，特别是生产率的不同是导致仅有部分企业参与国际贸易的关键因素。利用贸易这一手段重新分配行业内部的市场份额能够进一步提升行业的生产率并增加社会福利。这种类型的福利是以前的贸易理论没有解释过的贸易利得。安卓斯的企业内生边界模型则将产权理论融入一般均衡模型，解释了经济全球化下企业组织形式的差异。上述两种模型均为研究当前的国际贸易与国际投资带来了新的切入点，在新世纪经济全球化的背景下更有理论和实践研究价值。

新新贸易理论能够带给我们如下的政策启示。

第一，对尚未开放的行业进行全面开放，或者增加已开放行业的贸易合作伙伴数量，由此能够进一步促进关门生产率的提升，也能够有效促进市场份额、收益和利润转移至高生产率企业中，进一步提升整个行业的生产率。

第二，努力减少贸易的总成本。此政策不仅能提升行业的关门生产率，从而进一步提高行业生产率，也能够产生更多有利的影响。由此就能够进一步降低国际市场的关门生产率，从而促进更多的企业进入国际市场。在这一过程中，伴随着各大小企业的不断加入，原本开展国际业务的企业所占市场份额或被占有，也会直接导致其利润下降。然而，随着国内生产率较低企业的退出，这些国际企业有机会扩大其在国内市场的份额。国际市场的利润下滑可以在国内市场中获取，而企业整体的利润水平也有可能得到提升。

第三，对于企业而言，自身的出口政策受多方面影响。贸易政策能够在一定程度上鼓励企业主动选择并提高生产率。“出口中学”会极大地影响出口贸易，会在一定程度上提升贸易规模。值得注意的是，如果出口溢出效应存在，那么很多不从事出口贸易的企业也会积极学习这些出口企业关于出口的经验。除了常用的出口激励措施，如出口补助和税务减免等，对于基础建设加以优化，或是增强信息交流和推动企业聚集等也视为有着良好作用的贸易策略选择。

第四，持续扩大对外经济开放应作为一个长期稳定的政策。为了激励企业开拓国际市场并提升自身竞争力，政府应当采取有力的策略对其进行激励。除此之外，政府还应当与其他国家建立积极的贸易伙伴关系，以帮助企业减少出口成本。这种做法不仅有助于解决国内市场饱和、居民消费低迷所导致的企业利润降低的问题，也能够使生产率表现良好的企业加入国际市场的竞争中，以便逐步扩大本国商品在国际市场中所占据的份额。

第五，通过异质企业模型我们可以了解到，伴随着出口贸易规模的扩大，人均财富会进一步增加。然而，我们也需要明白一点，在此过程中，一切决定都需要以本国企业的发展为重，严格防范影响本国企业存续的各类问题。如果这些高生产率的企业从自由贸易中获得的利益很难补偿诸多企业离开而产生的损失，那么自由贸易将极大地限制本国产业结构的优化，也会阻碍各部门产业的持续发展。

第四节　数字化经济对国际贸易理论的影响与拓展

一、数字化经济对国际贸易理论的影响

国际贸易的经典理论经过了从比较优势理论到要素禀赋理论，再到新贸易理论的多个发展阶段，最终形成了一套相对完整的理论体系。这一体系对于国际贸易行为的起因、所受的各种影响以及其对社会福利的影响进行了深入且系统的理论探讨。其中古典经济学和现代经济学都是以分工与专业化为基础建立起来的理论框架，但它们忽略了国际贸易的起源和存在方式——市场结构这一重要问题。在古典主义和新古典主义的背景下，比较优势理论和要素禀赋理论在完全竞争市场结构假设下，认为国际贸易的产生是由于各国在不同商品的生产效率和要素禀赋上的差异，贸易参与国可以通过在具有比较优势的领域进行生产和出口来改善福利；新的贸易理论突破了完全竞争市场结构的限制，提出在不完全竞争的市场环境中，规模经济可能会成为贸易活动的关键支持因素，并据此为国际贸易中普遍存在的产业内贸易提供了理论支持。这些理论对于解释当前国际分工格局以及国际贸易现象都具有重要意义。除此之外，这些理论还从技术的进步和产业的构成两个维度深入探讨了国际贸易的根本原因，为后续的国际贸易研究打下了稳固的基石。

（一）数字化经济使得比较优势内生化

依据古典和新古典贸易理论，一个国家想要参与国际贸易并在特定领域实现出口，其前提条件是在该领域的生产效率或集中使用的资源上具有相对的优势。数字贸易的出现则为发展中国家利用国际分工带来了挑战，它通过提供信息服务、促进交易以及创造市场等作用对传统的比较优势提出挑战，同时也使之面临更大的冲击。首先，数字贸易的进步进一步丰富了比较优势的含义。其次，数字贸易

条件的出现也为比较优势提供了更为广阔的解释空间。数字化经济削弱了许多传统上的比较优势。数字化经济由于其固有的虚拟性和无形性特点，对实物资源的需求相对较低，而对劳动者的技能和素质有更高的期望。同时，与传统的贸易方式相比，数字贸易带来了许多新的比较优势元素，如数字基础设施的完整性、与数字技术有关的劳动和人力资源等。最后，数字贸易对传统贸易理论的影响不仅仅是因为引入了新的比较优势元素，这也是因为数字要素自身拥有一种内生化属性。这表明，数字要素禀赋不再是一个固定的外部条件，而是会随着生产和贸易规模的不断扩大而持续自我强化，从而使得比较优势展现出内生性和动态发展的特征。

比较优势的内生性和自我强化可能会进一步引发一个政治经济学上的疑问，那就是在数字化经济的大背景下，国际贸易是否还能助力各国经济走向稳定。在完全竞争市场和要素可以自由流通的前提下，传统的贸易观点认为，国际贸易可能会使各国在要素的回报和收益率上达到一致。由于技术进步等因素的影响，数字贸易并不能有效地促进各国经济发展水平的提升。一方面，在数字交易领域，数据要素在使用时的零边际成本属性导致要素报酬的均衡化机制几乎无法发挥作用；另一方面，数据技术的进步也使得各国间生产效率差异缩小，进而降低了要素禀赋结构对国际贸易影响的作用程度，数据元素的内在性意味着，当一个国家获得微小的竞争优势时，它可以通过规模经济的力量进一步加强这种优势。

如果数字贸易最终会导致各国之间的贸易规模和收入差距不断扩大，那么第一步的选择，即在数字贸易领域率先建立优势将变得尤为重要。因此，从这个角度出发研究数字贸易对国际分工地位及福利损失的影响非常重要。这种情况无疑会进一步挑战人们对古典和新古典贸易理论的看法，即放弃政府的介入，依靠市场的力量来达到公平的贸易模式，并可能对自由贸易的理论基础产生怀疑。在数字贸易的大背景之下，由要素的内生性触发的贸易规模的自我强化无疑将进一步凸显上述战略性贸易政策的重大意义。在数字贸易的背景下，各国会利用战略贸易和产业政策的优势，通过大规模的前期投资来抢占产业发展的先机，这将是他们的实际政策选择。

（二）数字化经济引发规模经济和范围经济

在数字贸易的领域内，数据要素的内生性不仅能让企业生产呈现出更加显著的规模经济特性，而且数字要素的低成本跨部门共享也能产生显著的范围经济效应，这对当前的国际贸易理论产生了冲击。因此，有必要从新的角度重新审视数字贸易的竞争效应。

首先，我们必须清楚地认识到，规模经济和范围经济不仅增强了在贸易活动中的比较优势的内生性，还可能导致某些特定领域的比较优势呈现出群聚的趋势。这表明，在某一特定行业内，比较优势会因为其核心要素的通用性和共享性而迅速扩散到其他多个领域，从而推动企业在各种相关产品和服务市场中建立比较优势，形成一个以相同的数据要素和技术特性为基础的产业集群。同时，竞争加剧和分工细化使得产业之间的联系更加紧密，从而进一步促进了产业集聚现象的产生和发展。

其次，范围经济的兴起使得同一生产者不同产品之间的关系从传统的替代方式转变为互补的方式。当企业在同一地区进行多个生产时，生产效率提高带来的成本下降使得消费者能够获得更高的价格折扣。这样的变革有可能重新塑造产品制造过程中的技术准则，并激发企业在生产与贸易决策方面进行一系列的调整。传统的产品转换曲线设定可能会面临巨大的挑战，这可能会对经典的最优化分析方法产生冲击。在这种情况下，各国的固有条件导致的产品分工可能会消失，而在相同的产品结构中进行复杂的产业内部交换，甚至在规模经济的推动下，一个国家控制所有相关产品的生产可能会成为数字贸易的标志性形态。

最后，范围经济可能会使国际贸易中的定价策略变得更为复杂。随着范围经济向纵深发展，企业间竞争逐渐演变为价值链上各环节之间的竞争，而这又对定价产生了重要影响。鉴于数据元素之间的高度共享特性，一个产品的生产流程可以通过累计数据来为另一个产品提供关键的支撑。在这种前提下，如果能够实现对产品生产成本的有效控制，那么企业就可以获得更大的利润空间。因此，如果一个产品的生产过程是基于市场上现有的信息进行，那么它就可以成为一种有效的竞争策略，即利用数据优势获取更高的利润。

（三）数字化经济催生数字鸿沟与技术扩散

国家或企业都有机会根据其独特的相对比较优势，从专门化的生产活动中获益。这样的场景尤其适合工业化的早期阶段或简易的产品生产流程。随着制造行业技术难度的不断增加，技术上的困难逐渐成为国家或公司参与商务活动的主要障碍。由于不同产业间具有显著的异质性，技术壁垒会影响到产业之间的分工与协作。梅利兹和赫尔普曼等人提出的新的贸易理论，在实质上也探讨了技术壁垒如何妨碍贸易，他们更倾向于将技术壁垒简化为生产效率的差异。在此基础上，学者开始关注技术性贸易壁垒对国家之间贸易流量、贸易结构及福利影响问题，这些研究大多基于发达国家的视角。与此相对照，在数字化经济的背景下，技术障碍对国家和企业在生产和贸易活动中的阻碍将变得更为明显，并被形象地描述为数字鸿沟。在这一背景下，研究数字化时代我国企业参与国际竞争与合作具有重大现实意义。从一个角度看，数字贸易可能会受到更大规模的阻碍。在全球范围内形成了发达国家与发展中国家之间的技术差距，这不仅意味着企业间技术资源的共享程度降低，而且还会导致不同行业中企业的发展速度发生逆转。在数字化经济的背景下，可能不会出现完全竞争或垄断竞争的市场结构，而更多可能出现寡头垄断或完全垄断的竞争模式，这将使得企业进入市场的难度和生存的难度远远超过传统经济，同时，信息技术进步而产生的技术扩散效应以及信息传递效率提高所导致的产品差异化程度也在不断增强；从另一个角度看，数字贸易的推进可能会面临更多的技术和专利方面的障碍。因此，在发展数字化经济时需要考虑这些问题并采取积极措施来减少这些障碍。数字化经济的发展依赖于复杂的电子信息技术，无论是硬件还是软件产品，其技术门槛都远高于传统制造业。

在此背景下，我国数字企业要想取得长足发展就必须加强自主创新能力，以提升自身核心竞争力。同时，许多发达国家的数字企业利用其先行者的优势来引领产业技术创新的方向，并通过在可能实现技术突破的关键节点提前申请专利来建立知识产权壁垒，从而增加了企业突破技术壁垒的难度。因此，数字鸿沟不仅是一种地理空间上的距离问题，更是一个制度层面上的社会文化障碍。此外，各国在数字基础建设和人力资源上的不平等也可能是导致数字差距难以缩小或逐步扩大的关键因素。

（四）数字化经济影响引力模型效用

在国际贸易研究领域，引力模型被认为是最关键且经常被采用的分析工具，在贸易影响因素和贸易障碍计算等多个领域得到了广泛的应用。传统的引力模型主要是从制成品的角度来考虑的，其中，经济规模和地理距离作为限制产能和运输成本的约束因素，对贸易规模产生了影响。随着互联网技术的发展和普及，电子商务成为国际贸易领域新的增长点，而数字贸易则被视为未来国际贸易的重要方式之一。在数字化经济的大环境中，传统引力模型是否依然适用依然是一个悬而未决的议题。例如，赫雷拉（Herrera）等人发现，与线下交易相比，网络交易中与地理距离相关的成本显著减少，从经济规模来看，在相同地理条件下较低的生产效率会导致更大的贸易损失，因此传统引力模型并不能完全解释数字贸易总额的增长趋势。

然而，这并不代表数字贸易改变了引力模型的结构，更多的是它导致了模型内涵的转变。从规模限制的视角出发，尽管经济规模对数字贸易的作用逐步降低，但数字贸易在实际操作中仍然会受到另一种形式的规模限制，即参与贸易的国家在数字基础设施和网络方面的普及和发展水平。在消费端，随着技术进步、产业升级及消费者偏好转变等因素影响下，数字化消费正在成为新常态下推动消费增长的重要动力。在生产过程中，数字贸易可以突破物质限制，但对于数字基础设施，如流畅高效的网络环境、大规模的计算能力、高品质的终端系统，甚至是云计算平台都有更加严格的标准。

此外，消费者对于数字化产品及服务的偏好也将直接影响数字贸易发展。从地理距离的视角来看，虽然数字贸易能够通过零运输成本来突破地理距离的限制，但是一些国家之间的隐性距离，如文化和制度等，对数字贸易的影响将会变得更加显著。数字产品作为一个以内容和用户体验为核心的商品，消费者在购买时更倾向于选择与自己的语言、购买习惯和购买心态更加匹配的产品。不同地区之间文化差异较大，不同文化背景下的消费偏好具有很大差异，从而导致数字贸易规模呈现不均衡特征。在具有相似文化背景的国家里，对这些需求的认识变得更加精准，这导致文化元素逐步变成了影响数字贸易规模的关键因素。目前，发达国家已经制定出较为完善的数字贸易协定，并采取了一系列措施推动本国数字贸易发展。尽管数字贸易的规则尚未完全确立，并且各国对于数字元素和数字产品的跨国流动持有不同的观点和政策选择，但数字贸易仍然面临着一系列制度性的障碍。

（五）数字化经济影响生产区位与贸易格局

贸易问题的核心在于区位问题。从世界范围来看，企业区位决策往往受区域市场一体化趋势、跨国企业全球化战略和国际贸易发展态势等多种因素综合作用而不断变化，但是由于生产要素不能进行跨国流通，传统的国际贸易学说并没有把企业的位置选择纳入其分析体系中。在经济全球化时代，企业的跨国经营已不是一个纯粹的市场行为，而是一种跨区域、跨行业、跨文化交往的复杂网络行为。随着全球经济的逐步开放和资源流动能力的增强，企业现在具备通过国际直接投资来确定其生产位置的能力。在这个过程中，跨国公司可以借助全球价值链分工体系实现利润最大化。因此，国际贸易与国际投资已不再是彼此独立的实体，它们共同塑造了全球的生产和贸易格局。为了实现贸易自由化与经济全球化协调统一，世界上很多国家都积极采取措施促进本国经济增长，其中包括鼓励本国企业参与国际竞争，以获取竞争优势。藤田（Fujita）和他的团队在日本以制成品贸易所建立的空间经济模型为基础，从企业地理位置的选择出发，对开放经济环境下的全球生产和贸易模式，以及这些模式的未来发展方向进行了深入的研究和探讨。该理论模型揭示了一国制造业产业升级与跨国公司区位选择之间的关系，并为分析中国的对外贸易提供了一个新的视角。这一理论模型深入地解释了从工业革命开始，发达国家与发展中国家之间的差异，以及不同国家的工业化发展轨迹。

那些成功摆脱运输成本束缚的数字化企业具备将其生产活动安排在母国和东道国以外第三个地点的能力，充分利用本地的独特优势，为全球提供数字化产品和服务。因此，数字贸易可以促进产业内分工深化，推动制造业向价值链高端转移，从而带动整个国家产业结构升级。换言之，那些在传统经济活动中并没有明显地理位置优势的区域，有可能变成数字贸易更为活跃的地带。这意味着，数字化企业可以通过向母国以外市场转移来获得新的利润增长点。除此之外，数字化企业还可以借助本地的劳动力和资本技术条件等低成本优势进行跨国生产活动，从而提升自身的规模效益。数字化企业的国际化经营模式以其所在国家或地区的市场需求结构变化为导向。当数字元素在全球范围内流动，或者数字产品和服务面临政策上的障碍时，数字化公司有可能将其集中化的生产和交易模式转化为更为分散的商业策略。

数字化经济不仅改变了传统的产业分工模式，而且在数字化经济的大背景下，产业分工已经超越了传统的基于横向产品类别的分工和基于纵向产业链的内部分工。随着网络信息技术的发展与普及，数字平台成为企业之间进行交易活动的重要载体。这种以平台为基础的新型全球化竞争关系将会带来一系列新问题。这使得产品制造的复杂性和国际化水平都有了显著提升，这意味着国家不能单独摆脱全球分工体系来实现自身的发展，同时由于国际分工体系的进一步深化以及全球化进程的加快，发展中国家也将面临更为激烈的竞争压力。

（六）数字化经济造成“里昂惕夫悖论”的出现

按照传统的要素禀赋理论，在一个开放的经济结构中，工业化程度较高的发达国家应该集中生产并出口资本和技术密集型产品、进口劳动密集型产品。因此，在1945年前，美国对外贸易结构主要以资本、技术密集产业为导向，而非以制造业为主。然而，美国经济学家里昂惕夫（Leontief）在研究美国的对外贸易发展情况时发现，尽管美国是发达的工业化国家，但它大量进口资本密集型产品，并出口劳动密集型产品。他认为这是由当时美国国内劳动力成本较高、劳动参与率偏低以及国际贸易自由化程度低等因素共同决定的结果。这一与传统要素禀赋理论所预测的不同的观点被称作“里昂惕夫悖论”。面对“里昂惕夫悖论”，研究人员尝试从多个角度，如生产效率的差异、消费者的偏好、贸易障碍的影响以及人力资源等来进行解读，这也是要素集中度首次作为一个关键的经济事件进入公众的关注范围。依据要素密集度逆转理论，无论在哪个国家或技术背景下，产品都有可能呈现出截然不同的要素密集度。随着信息技术与互联网应用的不断普及，全球范围内资本流动呈现加速趋势，从而使得一些发达国家或地区的劳动力成本优势逐渐丧失。要素密集度逆转对一国或地区进出口贸易产生巨大影响，尤其是资本密集程度越高，这种效应越明显。近年来，随着全球数字化经济时代到来，国际贸易领域也开始引入要素禀赋理论。要素禀赋理论由于同时探讨了收入分配和贸易模式的相关问题，因此长时间占据了国际贸易理论的核心地位。

在数字化经济背景下，要素密集度逆转理论主要是数字技术的广泛应用导致的生产自动化以及人工智能制造技术的广泛使用。人工智能具备高智能水平，智能化程度可以替代人的体力和智力而提高劳动生产率，从而导致资本密集化过程的发生。在传统的劳动密集型产业或生产环节中，人工智能对劳动的替代将会更加深入，从而使得相应的产品更有可能从劳动密集型转变为资本密集型。因此，在数字化经济下的全球价值链重构过程中，资本密集部门将通过向知识密集领域转移来提高劳动生产率，而人力资本则成为推动劳动生产率提升的决定性因素之一。当这种要素的集中度发生变化时，国际贸易中可能会出现所谓的“里昂惕夫悖论”。传统贸易理论中的普适性和普惠性在数字化经济背景下是否仍然存在，成为贸易理论需要面对的新挑战。

二、数字化经济对国际贸易理论的拓展

为了更有力地应对数字贸易的迅速崛起，并提高贸易理论在数字化经济环境下的解读和预测能力，对国际贸易理论的拓展显得尤为关键。可以从以下几个方面进行深入探讨：

第一，需要将数字要素的内在特性融入贸易的理论模型中。数字要素作为一

种新技术和信息技术在国际贸易领域的广泛应用正在推动贸易方式深刻变革，也使得贸易理论发生了革命性变化。在数字贸易领域，数字要素被视为一种新兴的要素。与传统要素相比，内生化是其显著的特点。因此，在数字化经济背景下，贸易理论的进一步发展不仅需要融入数据要素，还需深入探讨这些要素与传统要素之间的内生化差异。

第二，在垄断性市场结构的背景下，贸易理论框架和经典贸易理论都经历了从自由竞争市场向垄断竞争市场的演变，但很少触及寡头垄断，尤其是垄断的市场模式。数字贸易的兴起会带来产业组织模式及国际贸易规则等方面的深刻变迁，并使其与传统贸易方式发生交叉。在数字贸易的背景下，我们可以观察到市场结构逐渐呈现出寡头或垄断的特点。同时，数字贸易中的范围经济特性增强会导致垄断市场结构展现出跨领域的关联性，这进一步可能使生产和定价等贸易决策得到相应调整。

第三，在贸易理论的框架内，应纳入可调整的要素输入结构。由于要素禀赋是内生变量，因而要素投入结构也就成为一种外生性因素。在当前的国际贸易理论中，要素投入结构常常被忽视。在新古典贸易理论中，以要素禀赋理论为核心，要素投入结构被认为是由产品间的差异所决定的固有外部因素，在基于比较优势和规模经济理论的经典国际贸易模型中，要素投入仅仅是指生产某种商品或服务所需的劳动力数量。随着经济发展进入数字时代，这种静态的要素配置结构显然不能满足现实需要。正如之前提到的，数字贸易与传统贸易之间的一个显著差异是资本广泛地取代了劳动要素，这可能会导致贸易和分工模式发生深刻的变革。

第四，要努力将双边市场的理念与国际贸易的理念相结合。目前学术界对于数字贸易是否存在双边市场这一问题仍有不同看法，但这并不妨碍学界从平台经济角度来理解数字贸易及其所带来的影响。平台经济代表了数字化经济背景下的新型贸易组织模式，但目前的国际贸易理论并未涉及这一点。

第五，从空间经济的视角出发，应全面考虑数字化经济背景下的贸易、投资和分工模式。数字化经济本身所具有的特征使其对传统国际贸易模式造成了一定冲击，而这种冲击主要表现为要素流动方式以及由此带来的贸易结构等方面的改变。由于要素和产品的流动性增强，贸易和投资在区位决策中表现出“一体两面”的特点，这将直接影响数字化经济背景下的国际生产和分工模式。随着全球价值链的形成，国际贸易和投资的地理集聚现象日益普遍，这种集聚使得贸易与投资之间呈现显著的正相关性。此外，基于该理论的研究还有助于人们更好地把握数字化背景下国际产业结构调整趋势及中国对外贸易发展战略转型方向。空间经济理论不仅能够通过精心选择适当的地理位置来整合开放环境下的贸易和投资议题，而且它所包含的交易成本元素也能够有效地揭示数字化经济背景下交易成本的波动情况。与此同时，数字化经济引发的技术革新也将对贸易结构的发展方向产生影响，可通过调整空间经济理论的基础假设，使之与数字化经济的核心属性相一致。

第三章　数字化经济对国际贸易的影响

本章主要介绍数字化经济对国际贸易的影响，主要从四个方面进行了阐述，分别是数字化经济推动国际贸易参与主体多元化、数字化经济推动国际贸易产品多样化、数字化经济推动国际贸易组织结构网络化、数字化经济推动货物贸易的转型升级。

第一节　数字化经济推动国际贸易参与主体多元化

在传统贸易模式下，国际贸易的参与主体较为单一且分散，进口方和出口方通过中间组织来完成贸易活动，交易过程及方式十分固定，较难形成集聚效应，贸易企业较难针对消费者需求和市场状况及时做出应变和调整。随着经济全球化进程的加快，电子商务等新兴业态快速兴起，国际贸易格局发生了变化。随着数字技术的进步和广泛应用，企业进入出口市场的门槛已经降低，这也鼓励了更多的中小企业参与到国际贸易中。企业进入出口市场需要付出包括获取跨境订单、磋商交易细节以及交付商品等一系列成本，进而形成了所谓的贸易门槛，导致那些生产效率不高、专业人才短缺、资金能力不足的企业，尤其是中小企业在进入国际市场时遭遇困难。为了应对这一问题，越来越多的中小企业通过跨境电商平台进行进出口业务活动，从而实现贸易模式创新。数字技术的广泛应用进一步简化了跨国的沟通、结算和物流协调流程。电子化政务的改革也简化了企业的出口流程，从而使得进入国际贸易市场的门槛逐渐降低，吸引了更多的中小企业加入。中小企业由于其组织结构相对简单，响应速度更快，具有更加明显的竞争优势，同时也促使大型跨国企业进行扁平化转型，最终使得国际贸易市场集中度不断降低，参与主体呈现出普惠性特征。

具体来说，数字化经济推动中小企业参与国际贸易主要体现在以下几个方面。

一、为中小企业培育出口创新优势提供动能

数字化经济时代的出口市场竞争增加了企业研发创新的内在驱动力，加之资金、技术、人才对研发创新的约束减少，推动了其通过产品及流程创新不断增加自身竞争力，也使中小企业在出口市场中的地位不断提升。

（一）数字化经济为中小企业研发创新提供保障

数字化经济的发展为中小企业在研发和创新方面提供了从政府、企业到消费者的多维度支持和保障。从政府的管理角度出发，数字化的治理方式能够帮助政策制定者实时掌握市场供需的动态，并据此制定合适的策略。因此，数字治理将是未来政府管理中不可缺少的组成部分。利用大数据技术和人工智能等先进的数字工具，我们能够准确地收集到政策执行的反馈信息，从而减少政策执行中的不确定性。这为中小企业在研发和创新方面提供了一个稳健的制度环境，进一步推动了它们的成长、发展和创新活动。同时，企业之间的竞争更加激烈，因此也使得数字技术在企业内部得到更多运用。从公司角度看，中小企业通过融合数字信息技术和传统资源来提升其研发实力。在产品开发阶段，数字仿真技术和数字孪生技术能有效地降低整体研发成本。在服务过程中，数字虚拟化技术的应用可以实现对客户需求的精准分析以及提供个性化的服务。从金融角度看，数字化经济为中小企业提供低成本融资渠道，并能有效解决中小企业融资难问题。与此同时，数字技术的进步为传统金融机构提供了强大的支撑，显著提升了运营效率，优化了资源配置，为中小企业的创新活动提供了强有力的支撑，进一步提升了中小企业的创新能力。

数字化经济为中小企业的研发和创新提供了必要的保障和支持，这引发了深远的变革，主要表现在“提供增量”和“优化质量”这两个核心领域。

“提供增量”意味着数字化经济能够高效地整合已有的市场资源，并为中小企业提供更多的有效供给，这是数字技术在市场上广泛应用，从而促进数字新产业发展和壮大的一个过程。基于大数据分析技术，中小企业可以通过与产业链的上下游企业合作创新，从而实现资源的高效整合，为自己创造新的发展机会。随着数字化经济的发展，中小企业的销售策略和渠道得到了丰富，从而加速了现有生产能力和库存的消化过程。中小企业可以利用数字化技术进行营销推广、产品创新和服务升级。此外，数字技术大数据和区块链提供了一个准确评估企业信誉的工具。利用行为数据来加强金融风险的管理可以进一步丰富和优化金融工具和机构的种类和结构，为中小企业开辟更多的融资途径和平台。数字化经济背景下

的中小企业应充分挖掘自身潜力，积极适应新时代要求，加快转型升级步伐，促进企业持续健康发展。

“优化质量”意味着数字化经济的发展可以为传统企业提供更优的生产方案，从而全方位地提高效率。从整体上来看，数字化经济对中小企业的影响是积极的、正面的。随着数字化经济的迅速发展，在企业的生产和经营活动中，利用互联网、区块链等先进的数字信息技术，中小企业可以显著提高交易效率并降低交易成本。这种交易模式既重视效率又强调安全性，不仅有助于保护中小企业的利益，还能确保它们能够及时获得稳定的现金，从而增强其内部资金的积累和经营能力，减少对外部资金的依赖和需求，有效地降低中小企业的杠杆率和财务风险。因此，它是一种适合我国中小企业发展的融资模式。在市场信息流通的过程中，中小企业运用先进的数字技术对大量数据进行深度挖掘和匹配分析，从而为市场各方提供中小企业内部的准确和可靠的运营信息。此外，数字化经济的快速发展还有助于解决中小企业融资难的瓶颈。数字化经济还有助于改善中小企业外部治理环境，提高其参与市场竞争的积极性。随着数字化经济的发展，中小企业在融资上的限制得到了缓解，同时也降低了它们的杠杆率，优化了信息质量。

（二）数字化经济驱动中小企业进行技术创新

从优化资源配置的角度看，数字技术极大地增加了中小企业之间的信息交流。这不仅增强了中小企业对市场的感知，还使它们能够利用数字技术来分析和处理信息数据，更好地识别消费者的偏好和个性化需求，从而进行有针对性的研发和创新。与供应链集成体系中的合作伙伴共享信息可以利用大量即时和多角度的信息来调整低价值环节，从而促进业务创新。数字技术不只增强了中小企业的内部创新能力，它还促进了与合作伙伴之间的创新协作，为中小企业在技术创新上开辟了更广阔的空间和发展领域。

从减少创新成本的角度看，中小企业利用数字技术可以更好地利用信息资源，提高信息收集的效率。这不仅能增强中小企业之间的信息交流和组织能力，还能更准确地了解市场需求，实施精确的营销策略，降低新产品在市场上的风险，从而在很大程度上提高中小企业的营利能力。同时，在数字化时代下，企业需要不断进行自我学习以适应新环境，并根据外部环境变化而适时更新自身知识体系和管理方法，从而获得持续竞争优势。从提高企业经营管理能力角度来看，数字信息技术使中小企业的生产过程变得更加智能化，有利于促进中小企业快速决策。

从提升劳动力质量的角度看，数字技术的应用显著增加了对高素质劳动力的需求，而低端劳动力的减少和高素质劳动力的增加将有助于优化中小企业的劳动力结构，在一定程度上缓解了中小企业面临的劳动力短缺问题。随着中小企业的人力资源结构逐渐优化，高质量的知识和人力资本将逐渐渗透到这些企业的生产和经营活动中，从而产生技术传播的效应，并进一步推动中小企业在技术创新方面取得进展。中小企业进行数字化转型有助于优化其劳动力结构，加强员工间的信息交流和获取，提高员工的相关技术和制定决策能力，并进一步促进中小企业技术创新。

（三）数字化经济强化科技型中小企业的技术创新能力

从宏观角度看，数字化经济成为推动我国产业持续升级和经济社会向高质量方向发展的关键动力；从微观角度看，数字化经济有望加速企业的生产效率并创造更多的价值。在这一背景下，科技型中小企业作为推动科技创新的主体之一，其数字化程度对企业竞争力具有重要影响。数字技术的运用进一步加强了科技型中小企业在技术方面的倾向性，同时，数字化生产方式可以帮助科技型中小企业降低运营成本并提高经营管理效率，从而带来更高的产出效益。数字化转型的影响主要表现在三个方面：

1．规模经济性

数字化的生产方式为科技驱动的中小企业创造了大规模生产的产业基础和庞大的消费市场潜力，这使得规模相对较小的企业有机会从大规模的数字化生产活动中获得规模经济的回报，进一步促进了创新资源的累积。因此，通过发展数字化经济来提高自身竞争力具有重要意义。在当前阶段，我国已经构建了较全面的产业体系和完整的工业领域，以大数据、人工智能和物联网为中心的技术应用正在逐步普及，与数字化生产相关的产业链也在不断完善。数字化生产能够帮助科技型中小企业突破传统生产模式的限制，降低交易成本、提高效率并增强创新能力。科技驱动的中小企业也可以借助大数据和云计算等信息技术实现商业模式变革和业务模式重构，提升核心竞争力。

2．迭代效应

数字化技术不仅缩短了科技型中小企业的创新时间，加速了技术的迭代，还能更深入地服务于小众细分市场。数字化不仅能够为科技型中小企业带来新的发展机遇，而且能够有效规避过度研发而导致的失败。在数字化时代，科技型中小企业需要借助数字化平台实现自身从“制造”到“智造”的转变，以满足消费者个性化、多样化的消费需求。这种需求驱动的迭代效应不仅提高了客户的忠诚度，还让科技型中小企业具备了规模化生产和精细化定制的双重能力。

3. 分工深化

数字化时代的到来使企业之间竞争更加激烈，中小企业要想保持竞争力并持续发展就必须不断提高自身的创新能力和研发能力。这为科技中小企业提供了一个机会，使它们在融入全球产业链的过程中能够更加深入地进行分工和合作，进一步深化到“特精尖细”的核心技术领域，与行业领军企业形成优势互补，共同构建一个充满活力的创新生态系统。

二、增强中小企业的抗风险能力

一方面，中小企业能够利用互联网快速获取国际市场变化信息，并通过数字化生产管理系统及时做出生产及库存调整，提高了其抵抗市场波动风险的能力；另一方面，互联网金融的发展减少了中小企业的融资约束，拓宽了其融资渠道。互联网依托“雁过留痕”的重要特性，通过提供交易数据等信息，能够为中小企业的信用评估进行有效补充，互联网赋能下的普惠金融也为中小企业提供了更加便利、低廉的融资方式，提高了其资金方面的抗风险能力。

（一）中小企业面临的主要风险

在经营过程中，中小企业面临很多风险，其中主要的风险有融资渠道单一带来的财务风险、信用风险管理不足带来的风险、传统经济模式带来的风险三种。

1. 融资渠道单一带来的财务风险

随着经济全球化进程的加快和中国加入世贸组织，中小企业的发展面临着更加复杂的内外形势，如何突破资金瓶颈已成为制约其发展壮大的关键问题之一。在这种背景下，中小企业通过建立财务预警系统来规避或化解资金链危机，以保证自身持续健康地发展显得尤为重要。从中小企业资金在资金链中的流动顺序来看，财务风险可以细分为以下几类：

（1）筹资风险

筹资风险是由于资金供应和需求市场、宏观经济环境的变动，企业筹资给财务结果带来不确定性的风险。在中小企业的财务风险管理中，筹资风险被视为首要和关键的防范风险之一。

（2）投资风险

投资风险指的是企业在投入一定量资金之后，市场需求的波动可能导致其最终收益与预期收益出现偏差的风险。企业的对外投资主要分为两大类：一是直接投资。二是证券投资。在我国，按照企业法的条款，只要股东持有企业股份的25%或更多，就可以认为是直接的投资行为。证券投资主要分为两大类：一是股票投资。二是债券投资。股票投资与被投资企业存在一定的联系，也不排除股票与被投资企业存在一些区别。债券投资与被投资企业的经济行为并无直接联系，它仅仅是周期性地收取固定的利息，而所面对的风险主要源于被投资者无法偿还债务。

（3）经营风险

经营风险也称为营业风险，指的是在企业的生产和经营活动中，供应、生产和销售各个环节存在的不确定性因素可能导致企业的资金流动受到阻碍，从而引发企业价值的波动。

（4）流动性风险

流动性风险意味着企业的资产可能无法以正常和确定的方式转移现金，或者企业的债务和付款责任可能无法正常执行。企业流动性风险就是企业在营运活动中各种原因使现金流出减少或流入增加，从而使企业无法按时偿还到期本息的一种现象。从某种角度看，可以从企业的资金流动性和偿付能力两个维度来对其流动性风险进行深入的分析和评估。

2. 信用风险管理不足带来的风险

信用风险也称为违约风险，是借款人、证券发行方或交易另一方不愿或无法履行合同条款，从而可能导致银行、投资者或交易另一方遭受经济损失的风险。

在企业的成长过程中，存在众多的风险因素，其中信用风险是一个不能忽视的部分。例如，企业可能管理不当导致亏损、市场变动引发产品滞销、资金流转不畅导致无法按时偿还本金和利息等问题都可能使企业在到期时无法还清债务。信用风险给企业带来了危害，使企业在经营过程中受损失的可能性大大增加，甚至造成企业破产。信用风险如果严重可能会直接威胁企业的持续发展，这是在企业成长过程中必须重视的风险因素。企业要想生存和发展就必须重视信用风险的防范，但现阶段中小企业在信用风险管理方面存在一些不足，具体表现在以下两个方面：一是自身信用风险管理不足。在当前我国的中小企业中，仅有一小部分参加过资信评估，部分中小企业没有参加过资信评估，没有资信记录。二是对其他企业信用风险管理不科学。部分中小企业常常缺乏对客户信息的统一管理，仅以企业规模判断企业信用，对客户信用销售额度没有限制。

3. 传统经济模式带来的风险

目前，我国中小企业产权制度大多是单一的产权结构，基本上实行家族所有、家族决策、家族经营、家族参与者承担风险的经营管理模式。然而，随着企业规模持续增长和外部市场竞争日益激烈，其存在的问题开始浮现，主要表现为以下两个方面。

第一，企业的发展受到家族血缘关系（包括婚姻）的制约，导致企业的整体制度结构局限于这种血缘关系。企业发展过程就是企业成员之间通过相互交往形成各种社会关系的历史过程。一个企业的经济联系与血缘关系紧密结合，当企业达到某个发展阶段，血缘关系可能无法承受经济利益的挑战。

第二，资产所有者的经营能力不会随着他的资产扩张而按比例增加。由于企业内部成员之间的亲缘、地缘、业缘等各种关系交织在一起，使得企业的生产组织形式难以突破传统的产权制度。在选择人才时，企业只在家族血缘的有限范围内作出选择，最终造成中小企业无法适应外部环境的变化，导致发展停滞不前或陷入困境。

（二）数字化经济下中小企业的抗信用风险能力

中小企业是国民经济发展各种实体的重要组成部分，为发展国民经济做出了重要贡献，但也潜藏着信用风险。在如今的数字化经济时代，中小企业的信用风险依然存在，具有客观性。当前，中小企业应通过强化培训学习，提高领导及员工诚信素质；加强财务管理，有效地利用资金；调研市场，聘请专家把握市场脉搏；建立严密的信息征集系统，确保减少信用风险，从而充分发挥其在经济发展中的重要作用。

1．信用风险的基本特征

信用风险被视为最关键的风险类型，它不仅是企业融资时投资者的首要考虑因素，同时也确保了企业交易资金流畅流转。企业的信用风险主要表现为以下几个显著特点。

（1）客观存在性

在企业的经营活动中，由于人们的思维和行为以及经济环境的不确定性，违约或信用风险不可避免。这种风险不会被个人的意愿所改变，无法完全消除。

（2）实体间的传染性

经济活动总是由一系列相互联系、相互作用的主体组成的整体系统所决定，任何一个经济实体不是孤立运行的，而是处于一定社会经济关系之中的有机整体。当某一实体出现信用问题时，可能会引发下一个或多个实体出现经营困境，进一步导致整个信用链条断裂。

（3）管理者与信用风险具有相关性

中小企业的一个显著特性是其所有者，也就是投资者能够独立地进行决策和管理。在日常运营和重要决策中，企业所有者的话语权占据了至关重要的位置，这体现了他们的自主性和灵活性。企业领导的个人信用观念和行为直接关系到企业的信誉，而企业的信用风险与管理者的个人素质之间存在着密切的关联。

（4）可控性

经营活动不可避免地会带来信用风险，这种风险是客观存在的，并且无法完全消除。然而，这并不代表信用风险无法控制，采取适当的控制措施，这种风险有可能降至最低。

2. 数字化经济下基于中小企业特征的信用风险分析

在信用风险经济的发展过程中，各种类型的企业共存。中小企业不仅是国家经济的支撑，也是大型企业成长的关键支柱，它们有着独特的属性，并潜伏着某种程度的信用风险。

（1）资产规模小，资金薄弱

这代表了中小企业的核心属性，也是将企业分类为中小企业所必需的基本准则。信用风险的产生有其客观必然性，它与经济活动中的信用信息密切相关，是信用环境造成的。中小企业的生产经营规模不大，经济业务种类有限，经济能力较弱，抗风险能力差，存在潜在的风险包括信用风险。在企业内部，管理理念、管理模式、组织结构等方面存在缺陷使得管理者往往忽视信用风险，导致经营决策失误或出现错误。然而，信用风险是客观存在的，它不受个人意愿的影响，无法完全消除。

（2）员工人数较少，组织结构简单

从积极的角度来看，这一特性有助于人力资源的高效管理，能够对员工实施有力的激励措施，同时具备快速决策和执行的能力，能够迅速把握经济的有利因素。所以，信用风险存在于每个组织之中，优点和缺点并存，决策和执行的迅速代表着只实现了少数人的意愿，这意味着没有全面考虑，也暗示着存在潜在的信用风险。所以，企业要想健康地持续发展，必须建立一支高素质的团队。

（3）经营决策灵活，市场反应灵敏

中小企业有较小的资产规模和较少的员工，因此在经营决策方面具有更高的灵活性。这使得它们能够更迅速地调整经营策略和产品结构，从而获得更好的效果。数字化经济的崛起进一步提升了其决策灵活性和市场反应灵敏性。

（4）更多关注细微市场，专营某细小方面

由于中小企业的规模相对较小，其人力、财力和物力资源也相对受限，因此难以与大型企业进行有效竞争。因此，其经营活动主要是为获取最大利润而进行的。他们常常专注于那些被大型企业所忽视的微小产品市场，专注于某一特定的领域。在市场上，细小方面的选择仍然具有竞争力，而在这些细小方面的决策中，仍然存在取向错误和信用风险。

（5）科技创新较快，生产取向小型化、分散化

科技创新指的是工业企业在科技创新和技术研发领域所进行的特定行动。科技创新对工业技术创新起重要支撑作用。在工业技术装备和产品的进步中，现代科技呈现出两个主要的发展趋势：其一是朝着更大规模和更集中的方向前进。其二是朝着更小规模和更分散的方向发展。这两大方向要求中小企业能够适应这一趋势而迅速成长起来。产品生产的小型化和分散化为中小企业的成长创造了有益的环境，但同时也带来了一些挑战。科技创新所带来的各种风险，如人才短缺、技术应用难题、资金短缺和市场问题等，都可能引发潜在的信用风险。

3．数字化经济下中小企业可行的信用风险应对手段

信用风险是在企业的运营和投资活动中出现的，各种类型的企业在其经济增长过程中都可能面临这种风险。中小企业在企业内部应当对信用风险有足够的关注，并进行严格且高效的管理。

（1）强化培训学习，提高领导及员工素质

在管理过程中，应该将对企业人员进行全方位的培训和教育放在首位，使其具备良好的综合素养和职业道德水平。这意味着企业内部需要建立有效的培训和约束机制，但更为关键的是，必须有一个完整且科学的培训和管理体系，加强企业管理者的价值观，并充分利用互联网等技术手段。

（2）加强财务管理，有效地利用资金

中小企业需要在财务管理方面进行深入研究，作出精确决策，并在有限的资金下发挥更大的潜能。在此过程中，应通过建立有效的激励机制和竞争机制来激发员工积极性。此外，充分利用网络技术不仅降低了传统中间商存在的必要性，还有助于减少交易成本。

（3）经常调研市场，聘请专家帮助把握市场脉搏

中小企业具有很强的生命力，是我国经济发展的一支重要力量，但是对于中小企业来说，一个微小的错误可能是一个巨大的失误。因此，在经营过程中必须

加强风险管理和控制。这就需要在讨论经营决策时，尽可能多一些人员参与，也可以利用企业内部网络开展多人参与的决策活动。此外，必须行事谨慎，频繁地进行市场研究，让行业专家对市场进行深入分析，并通过企业系统搜集有价值的信息，以确定最适合企业的业务策略，从而减少决策错误并降低由错误导致的信用风险。

（4）建立严密的信息征集系统，确保其有用性

在当前数字化经济的发展背景下，构建一个以中小企业信用信息的登记、收集、评估、发布以及奖惩为核心内容的信用信息汇总系统是可行的。建立完善的中小企业信用信息汇总系统有利于政府对中小企业实施有效监管，同时也有助于推动我国中小企业健康快速发展。

（5）调整产品结构，提高优势项目竞争力

科技型中小企业的产品更新速度极快，需要根据不断变化的市场环境进行产品结构的调整，把握核心技术项目的优势，不断提升优势项目的竞争力，确保企业在同行业中保持竞争优势，促使企业持续发展壮大。

（三）数字化经济下中小企业的抗融资风险能力

数字化经济对中小企业融资的影响不仅表现在利用数字技术为金融机构提供贷款服务，而且也为更多的中小企业提供了获得融资的机会，进一步减轻了中小企业的融资压力。同时，数字化经济会促使中小企业从传统的以实体为主的融资模式转变为以虚拟资本为主的新型融资模式，从而有效提升创新能力。数字技术是促进中小企业发展的重要力量之一，它改变了传统的企业融资模式，也推动了金融行业的变革。通过运用数字金融的各种技术和手段，企业能够更高效地利用其资金资源，快速的资金流动等同于为企业提供了更多的流动资金，这样减少了企业外部融资的需求和融资的限制。

信息不仅是金融活动的核心要素，也构成了金融资源分配的关键基础。金融活动要想获得有效的资源配置必须依靠信息支持和引导。在所有的金融资讯中，资金的供应和需求双方的数据最为关键。中小企业规模小、经营分散，其信息获取难度较大，这使得其难以获得充足的信息资源，导致其融资约束问题更加突出。相较于成熟的大型企业，中小企业在信息透明度方面存在不足，这也是它们面临融资限制的一个关键因素。中小企业融资难问题不仅是因为信息不对称形成信贷配给，还因为中小企业本身存在道德风险和逆向选择问题。一些中小企业缺乏规范和标准的财务数据，因此，选择公开财务信息的这些中小企业在披露质量上可

能不如大型企业，这使得利用这些数据进行信用评估的准确性受到质疑。中小企业的运营模式通常比较简单，容易被行业内的其他企业模仿或复制。因此，它们在经营渠道上通常具有一些独特的优势，如与大型企业之间的供应链关系等。

在财务信息匮乏的背景下，金融机构很难准确地评估中小企业的未来发展潜力和投资项目所带来的收益。同时，信息不对称造成中小企业融资难度增加。依据信贷配给的理论框架，中小企业在进行贷款决策时会表现得更为审慎，而信息的不对称则削弱了这些企业获取融资的可能性。另外，数字化经济是一种软信息和数据化的经济活动，能够给中小企业带来更多潜在的机会。当中小企业在提供如财务信息这样的硬性信息遇到困难时，他们可以考虑从其他角度去寻找信息，而数字化经济为这些信息的识别创造了条件。

1. 数字金融搜寻、识别和处理信息的优势

在数字化经济的背景下，数字金融为中小企业提供了三大显著优势：第一，中小企业在其商业活动中会产出更多的数字化数据，特别是那些无需公开披露的信息，这使得信用评估不再是免费的；第二，数字金融的发展能够降低融资成本，这对于解决中小企业融资难问题具有重要意义；第三，云计算技术确保了海量数据能够迅速处理，这意味着它不需要大量的人力和物力资源投入，同时也能促进大量个性化交易产生，从而将每一笔交易的成本降至非常低的水平。

（1）数字金融能够搜寻和识别更多维的企业信息

社会网络为个人和企业提供了一个快速积累信息的平台，并为企业带来了丰富的信息资源。互联网技术使个人与企业间信息流动速度加快，从而降低了交易成本，提高了交易效率。大数据技术的进步促进了多种信息应用，那些过去难以获取和使用的信息现在有了挖掘的机会，数字金融增强了信息需求方的数据捕获能力。在数字化经济的背景下，中小企业面临着众多的利益相关方，这些利益相关方掌握了中小企业的各种数字化信息。因此，对中小企业进行信用评价时需要收集和分析相关信息，包括财务信息、业务活动数据、客户信息、员工状况等。

数字金融通过数据挖掘技术可以获得中小企业在多个层次和渠道上的独特信息。从目前来看，数字技术与传统信息技术相比具有一定优势。例如，在处理非标准化的信息时，数字技术可以实现其标准化处理，使得一些在实际应用中难以量化的特性事实能够通过数字化手段转化为可量化的数据。另外，对于标准化信息，数字技术能够为这些信息提供一个有效的管理平台。数字技术具有通过量化手段处理数据的能力，它可以构建一个统一的算法模型，将不同标准的信息进行量化处理，从而使非标准数据能得到最大程度的利用。

此外，当中小企业更容易获取真实的信息时，资金提供者会对其行为加以限制，这有助于降低中小企业的道德风险和逆向选择的可能性，从而提高企业的信誉。

（2）数字金融在方便数据使用的同时也保证了数据的安全性

在数字金融的发展过程中，如何维护中小企业的数据隐私成了一个挑战。因此，必须对数据进行安全防护，而区块链因其去中心化、公开透明、可溯源、可追踪、防伪造以及抗抵赖性高的优势成为解决这一问题的有效工具。区块链是一种分散式的账本方法，它拥有不可篡改和不可否认的特性。区块链的去中心化特征使其具备了对数据安全存储与处理的能力，而加密机制则能保障数据的完整性和机密性。在多方共同参与的情境中，区块链与加密技术确保了数据在不需要进行跨国交易的前提下被交易的各方充分利用，确保信息的识别和处理过程是安全和可靠的。

（3）数字金融提供了对融资需求快速处理的能力

在金融机构选择使用云计算技术的情况下，他们并不需要单独搭建一个集中的完整框架。他们将自身部署在数据中心内，而不是像传统银行那样，在各个分支机构中部署自己的服务器或存储。云端技术能够在一定程度上降低中小企业的信息获取成本。这种融资方式不需要投入大量的人力和物力资源，能够让更多的中小企业从融资服务中受益。

2 数字金融在不同金融市场对中小企业融资的作用

数字金融提供了丰富的信息渠道，增强了信息的识别能力，确保了信息的安全性，并在各种金融市场中为中小企业融资提供了缓解信息不对称的支持，特别是在信贷市场和资本市场上。

在信贷领域，数字金融有能力通过识别信息来消除融资的障碍。中小企业在信贷过程中面临着融资难问题，而信息甄别困难是这一困境的重要原因之一。数字金融可借助大数据分析技术实现对信贷对象的精确匹配，从而使信贷资源能够更加高效地配置于中小企业身上。数字金融在信息搜索、识别和处理方面的优越性适用于信贷市场中的中小企业进行融资活动。在数字金融环境下，金融机构可将自身信用状况及信用水平融入信贷评估体系中，从而对企业资信做出更加准确的判断，并据此制订更为科学的授信方案。在实际应用中，市场提供的征信评估可以作为传统征信的有效补充，有效地弥补了中小企业在传统抵押担保方面的不足，从而为中小企业在融资或获取信用贷款方面提供了有力的支持。数字金融可以帮助银行对中小企业进行信用评级并确定贷款额度。通过运用数字技术，金融机构有能力构建创新的中小企业筛选流程和信贷机制，从而减少抵押担保所占的比重，并为中小企业提供融资支持。

在资本市场环境中，拥有充足和真实的企业信息变得尤为关键，这有助于投资者更为明确地识别出其中的优秀企业，并进一步减轻这些企业在融资方面的限制。尽管与那些尚未上市的企业相比，资本市场上的企业信息披露已经相当完善，但仍存在一些不规范的行为。数字技术能够通过增强信息的识别能力来解决这个问题。在我国，企业的会计信息质量往往容易被管理层操控，从而导致投资人对企业缺乏信心。数字金融作为一种新兴的金融工具，为解决上述问题提供了新思路，即借助数字化手段来降低信息不对称；数字金融作为一种新兴的互联网金融模式，在降低交易成本的情况下，能够使金融服务更加便利，进而推动金融市场发展。数字金融凭借其对数字信息的高效管理，能够通过高品质和高曝光的信息公开手段，增强企业信息的透明度，进而降低信息不对称。

三、搭建电子商务平台，助力中小企业参与国际贸易

（一）降低贸易成本

在贸易进入成本方面，由于电子商务具有低成本和高效率的特点，所以很多中小企业选择跨境电商模式进行销售，并且获得了巨大收益。绝大部分的跨境电商平台并不需要支付入场费，还给中小企业提供培训，能够显著降低贸易成本。

在交易的早期阶段，无论是产品的宣传成本、研究成本还是搜索成本，跨境电商平台都突破了时间和空间的限制，具有丰富的商品资源、便捷高效的物流服务以及低廉的交易成本，这些都是传统贸易模式无法比拟的。再者，与传统的贸易模式相比，跨境电商平台在进行市场研究时投入了更多的时间和人力，因此它具有显著数据上的优越性。

在交易的中间阶段，关于沟通和合同签订的成本，首先，跨境电商平台提供了多种语言的服务支持，这有助于减少沟通的障碍，从而降低沟通的成本并提高交易的效率。其次，跨境电商平台可以向用户提供个性化、定制化服务，帮助用户实现购买需求，从而节约了沟通成本。最后，当交易双方能够进行即时的交流时，这不仅可以节约大量的人力和物力资源，还能与多家企业或消费者进行实时沟通，从而打破了传统的沟通方式，扩大了交易对象的范围。

从交易成本的角度看，首先，跨境电商平台通过减少供应链各个环节的交易成本，显著降低了地理距离在传统贸易引力模型中的影响。其次，跨境电商平台

降低了消费者和卖家之间的信息不对称程度。伦德勒（Rendler）和他的团队使用易贝平台上的交易资料，观察到与传统贸易相比，地理距离对跨境电商的作用减少了 65%[①]。在此基础上，我们进一步分析了跨境电商平台的规模经济效应。

（二）减少交易环节

跨境电商平台的一个显著优势是它可以简化中间步骤，进而提高供应链的运行效率。另外，由于没有中间产品生产过程，因此可以有效控制产品质量，降低产品成本，同时也能使消费者享受到更加优质的服务。在跨境电商平台的运营模式中，生产商和批发商能够直接与终端消费者进行沟通，而无需经历中间产品的生产过程，从而实现更高的营利。因此，生产商可以通过跨境电商平台来降低物流成本，如下为跨境电商模式与传统外贸模式流程对比（图 3-1-1）。

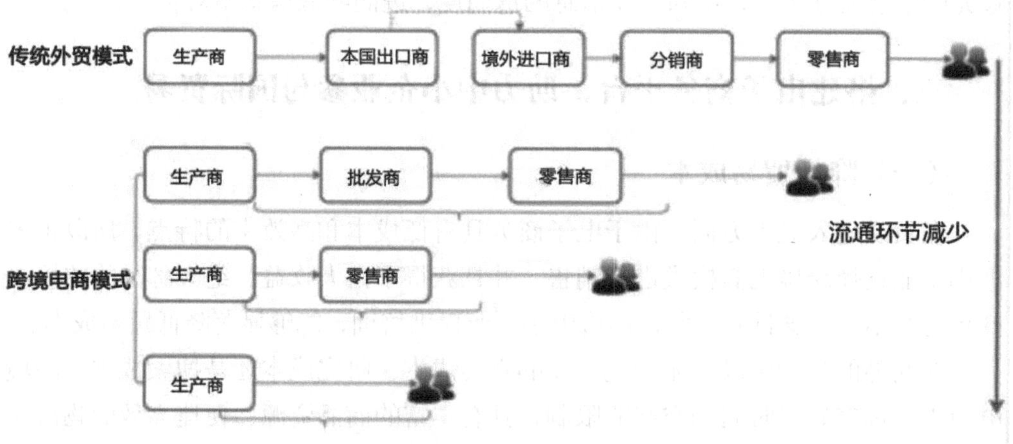

图 3-1-1　跨境电商模式与传统外贸模式流程对比

在跨境电商模式中，由于流通链路的缩短和响应速度的加快，企业可以直接与终端消费者进行交易，而不需要经过多个中间商，这不仅缩短了整个供应链的时间，还降低了渠道费用，并在降低交易成本的同时，显著减少了消费者的等待时间。跨境电商模式通过电子商务平台实现商品的在线购买，然后通过网上商城、线下实体店销售和配送。目前跨境电商模式已发展成一种新兴业态，被越来越多的国家和地区所采用。

---

① 黎宁．贸易便利化对出口企业高质量发展影响研究[D]．南昌：江西财经大学，2023.

（三）创新贸易模式

作为一种融合了电子商务与国际贸易的新兴贸易中介平台，跨境电商平台给传统国际贸易模式带来了深远的影响。跨境网络零售为我国对外贸易注入了新活力，也使传统贸易面临着前所未有的机遇和挑战。随着中国经济实力的增强和国际地位的提升，越来越多的中国企业开始参与到跨境电商活动中来，并取得了不错的成绩。这不只是激励了更多的中小企业和发展中国家直接融入国际贸易，同时也推动了更多的高品质产品进入全球市场，进而塑造了一个以消费为核心的国际贸易模式，但跨境电商平台的出现也存在一些问题，如监管难度加大、跨境物流配送不畅、跨境支付体系滞后及人才缺乏等。创新贸易模式和传统国际贸易模式之间的主要区别体现在交易环节、产业链条、运营成本、产品差异①。跨境电商平台推动了外贸业务从传统模式向直销模式转变，同时也促使外贸企业向小单、多生产模式、品牌和产品创新转型②。从长远的角度看，此种策略可以助力发展中国家减少交易开销，增加在国际贸易中的订单量，对发展中国家更为有益。

（四）扩大服务贸易

作为推动外贸增长的新引擎，跨境电商平台不仅有助于扩大服务贸易的规模和效益，还可以优化服务贸易的结构和层次，从而提高外向型服务企业的整体竞争力。首先，跨境电商平台凭借其低成本和高度专业化的优势，在服务贸易规模方面为传统贸易中的中小企业提供了有力的支持，从而使这些企业能够将其服务产品销售到各地。通过与第三方物流企业合作，跨境电商平台可以实现对商品运输全过程进行全程监控，从而降低货物损耗并保证货物质量安全。跨境电商平台采用大数据分析以及人工智能等前沿技术手段，降低了面对面交易的成本。在服务贸易结构上，跨境电商平台以互联网为媒介进行跨区域资源流动，通过对海外市场的细分与整合来提升自身竞争优势。其次，在努力提升服务贸易的效率时，跨境电商平台专注于充分融合服务贸易双方的交易信息，目的是降低信息不对等和信用的风险，同时还通过互联网技术实现了对跨境服务贸易流程的优化与创新，使得跨境服务贸易市场变得更加开放、透明。跨境电商平台还通过提供个性化服务来满足不同消费者对商品多样化需求，从而推动了服务贸易向更高层次发展。

---

① 郭立彬，黄永稳．国际贸易新方式：跨境电子商务的最新研究[J]．东北财经大学学报，2014（2）：22-31．

② 任志新，李婉香．中国跨境电子商务助推外贸转型升级的策略探析[J]．对外经贸实务，2014（4）：25-28．

最后，跨境电商平台在服务贸易结构方面推动了第三方支付和其他跨境支付方式的诞生，从而进一步丰富了金融服务贸易的内涵。跨境电商平台催生了一种创新的现代物流服务贸易模式，这极大地促进了物流服务贸易的迅速扩张。跨境电商平台通过整合不同国家或地区的各种资源，提高了资源配置的整体效能，进而加快了服务贸易的进程。同时，跨境电商平台通过提供各种形式的增值服务提高了服务贸易规模，降低了交易成本。

第二节　数字化经济推动国际贸易产品多样化

一、打通市场需求端至供给端的信息渠道

数字技术的应用为市场从需求端到供给端的信息交流提供了新的途径，这使得出口制造企业能够更加迅速和直观地获取各种市场需求的信息，同时消费者的个性化需求也能迅速地反馈给供给端。在个性化需求不断被满足的同时，新的需求也不断被激发。由于能够迅速、准确地把握需求信息，出口生产商进行差异化生产可以获取更高收益，最终推动我国出口产品的多样化发展。

（一）数字化经济下新消费需求创造的机理分析

随着市场环境的变化，越来越多的供给开始以不同形式进入市场。在从不平衡状态逐渐过渡到平衡状态，然后再回到不平衡状态的循环过程中，供应和需求双方都在努力追求市场效益的最大化。当供求之间存在缺口或不足时，需要通过调整供给以弥补缺口或者减少不足。从这个意义上讲，需求拉动是一种重要的推动力量。

在进行供给侧结构性改革的过程中，市场的首要任务应是更为精准地满足和引导消费者的实际需求。从经济学理论来看，需求不均衡导致市场失灵，从而使经济陷入“中等收入陷阱”。为了达到有效的需求均衡，最直观的策略是确保市场供应的平衡，降低生产能力并减少库存。这就要求市场能够及时调整自身的供需关系以适应不断变化的市场需求。如果不这样做，可能会导致一系列问题：一方面是生产能力过剩；另一方面还有大量的需求没有得到满足。数字化革命正在改变着人们的生活方式，也将影响整个社会结构和经济格局。在数字化经济的大背景下，众多的消费行为已从传统的面对面交易转向了互联网交易。

1. 数字化转型中消费活动的二维性

随着无现金支付在不同人群、行业和地区的普及，人们的消费观念和行为模式正在逐渐适应并进入网络消费的新时代。消费模式也逐渐由线下向线上迁移。与此同时，随着人工智能技术逐渐走向产业化和平民化，它与消费行为实现了深度整合，从传统的面对面交易和单一渠道、独立的供需链条，演变为通过数据交换设备进行活动，以及多渠道、网状交织的供需关系，数字化转型背景下新消费需求创造的机理如图 3-2-1 所示。

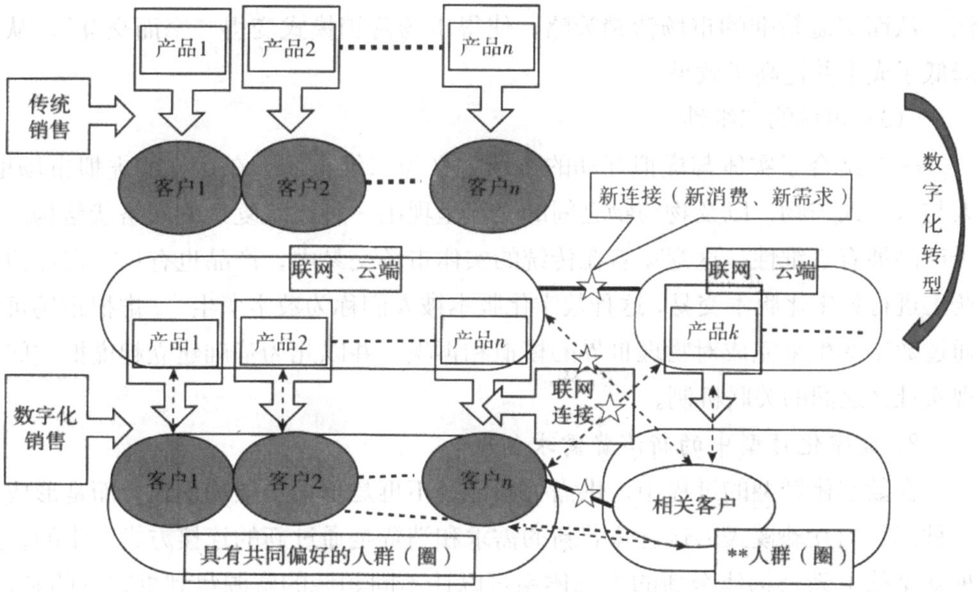

图 3-2-1 数字化转型背景下新消费需求创造的机理

在传统的交易模式中，消费者通常会依据自己的具体需求，从市场上的供应商或者销售商处进行购买，并据此完成交易活动。随着互联网时代的到来，消费者不仅仅关注自己的购物体验和购物成本等问题，而是更加重视产品的质量与服务等因素。从制造商到终端消费者的产品传输都与互联网有着密切的联系，于是我们可以发现：

（1）产品之间的连接具有二维性

生产供给端所提供的产品和服务是相互交互和连接的。这就是人们常说的物联概念。例如，小米企业的音箱、台灯和空气净化器都能与同一终端用户建立连接。因此，产品与客户之间可能存在某种联系，这种联系被称为需求。在互联网时代，消费者的生活方式发生了改变，他们需要更便捷、个性化的产品来满足自己的需求。当一个客户拥有一个产品时，他就已经拥有了该产品所处的云端资源。这些由云端资源链接而成的产品之间形成了一个云端共享互联的网络，具有实体和虚拟的二维性。

（2）客户之间的连接具有二维性

当具备二维性的产品发送给终端用户时，这些终端用户在使用产品的过程中会与所有使用相同产品的客户建立一个所谓的圈层。这种圈层网络效应使传统的营销方式面临巨大挑战。在数字化转型时期，互联网消费平台能够智能地识别共性，从而实施精准的市场营销策略，使得市场营销模式变得“窄而交互”，从而降低了成本并提高了效果。

（3）市场的二维性

一个结合了实体与虚拟互动的市场定义为二维市场。在这样的虚拟市场里，人与人、人与物，以及物与物之间的交互呈现出一种错综复杂的网络状结构。鉴于产品拥有二维性，这意味着在传统的实体市场交易中，产品也有可能在虚拟市场上进行数字化版本交易，这种数字化版本被人们称为数字孪生①。虚拟市场可以通过数字孪生来完成对物理世界的模拟和再现，并以此为基础建立起虚拟空间与现实社会之间的关联机制。

2．数字化转型中的新消费需求创造

在数字化转型的过程中，供需关系已经不再是单一链条的形式，而是形成了一种网状的互动模式，这意味着新的需求和消费是通过新的连接方式产生的。这种新型的关系来构建全新的生态体系可以让不同领域的资源得到更充分的利用，也能促进行业创新发展。如图 3-2-1 所示，标注为“☆”的主要方式有四种，一是制造商在产品间建立新的连接方式；二是在新客户与产品之间构建紧密的联系；三是在新产品与现有客户间构建联系；四是寻找新的喜好，构建新的“圈”。这也是一个从需求到生产再到销售的循环过程，即从产品到市场再到消费者的闭环供给链系统。

（二）新消费需求创造供需双侧驱动经济发展的动力机制

随着新的消费供给模式的出现，需求也随之增加，这种新的消费需求进一步催生了供给方面的创新活动。这是基于新连接产生的结果，因此，只有以消费者为中心才能促进生产效率提升。为了强化消费在经济增长中的核心角色，需要通

① 朱岩．数字经济与产业转型机遇[J]．经济导刊，2020（9）：75-77.

过新的连接机制来刺激供需双方的新增长。从前述的分析结构中可以识别出四种新的连接生成方式。

1．产品之间新连接引发的供需再平衡

在数字化转型的大背景下，制造商运用了大数据、云计算以及人工智能等前沿的数字技术手段，为产品的数字化定义创造了全新的连接方式。这些技术为制造商提供了一个全新的渠道——消费者与制造商之间可以直接进行交互，而不是传统的方式——通过一系列中间商进行交流。当排除了市场之外的风险后，需求的增加会导致市场供给逆向增长。为了找到一个新的平衡点，制造商可能会加大投资力度以扩大其生产规模，并采用数字化技术来加强数据共享网络，这样可以建立更多的新连接，从而进一步促进产业的发展和壮大（图 3-2-2）。

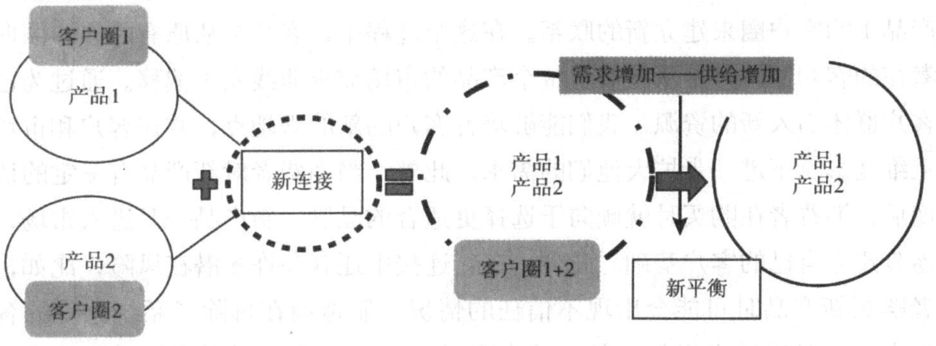

图 3-2-2　产品之间新连接引发的供需再平衡

2．产品与新客户之间新连接引发的供需再平衡

当产品 1 成功地吸引了新的顾客时，由于客户群体的多样性和复杂性，消费平台会利用搜索、交易和咨询等大数据工具，将这些新建立的连接转化为新的偏好，并在这些新的偏好群体中迅速扩大。如此一来，该产品的潜在客户群也将相应地得到扩展。因此，制造商可以通过对客户群体进行分析来预测未来的市场需求，加大投资力度，加强数字化宣传和信息推送，以便更有效地发掘新客户资源（图 3-2-3）。

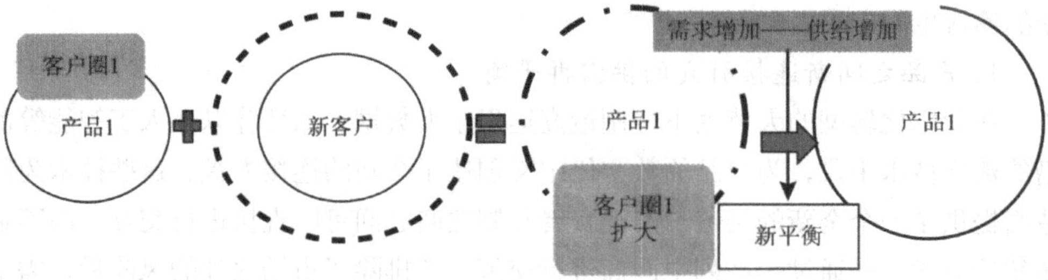

图 3-2-3　产品与新客户之间新连接引发的供需再平衡

3. 新产品加入引发的供需再平衡

制造商在决定将产品 1 升级为全新产品或推出全新产品的时候，需要借助现有产品 1 的客户圈来建立新的联系。在这个过程中，客户会从原有的客户圈向其他潜在的客户圈转移，从而实现整个产品的市场需求曲线发生偏移。通过为已有的客户群体引入新的资源，我们能够培育客户的新的兴趣点，并在客户和市场的双重维度影响下进一步扩大他们的需求。此外，当消费者对新产品有一定的认知程度后，消费者在购买时就倾向于选择更适合的品牌。新产品一旦进入市场，它将逐步建立自己的客户基础。此外，在新连接中还存在许多潜在风险，比如，消费者购买新产品时可能会出现不信任的情况。制造商在排除了系统之外的各种风险之后，可通过推出新产品来扩大市场份额，从而实现更高的经济效益（图 3-2-4）。

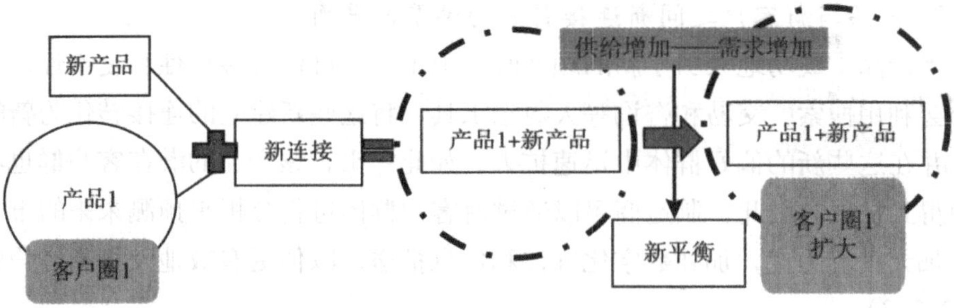

图 3-2-4　新产品加入引发的供需再平衡

4. 捕捉新偏好引发的供需再平衡

随着数字技术在从生产到消费的各个环节得到广泛应用，交易和浏览记录生成的大数据为第三方消费服务平台提供了丰富的基础信息。第三方消费服务平台将消费者的消费行为转化为数据挖掘模型中的变量，然后根据这些变量来分析其购买意愿及影响因素。通过采用多种计算方法，第三方消费服务平台成功地识别了具有相似行为倾向的人群，这一点已经成为该平台提供智能消费服务的关键组成部分。消费者可以使用智能终端来进行个性化的搜索与购物决策。当平台的服务供应商察觉到新的产品趋势时，他们会搭建一个全新的客户网络，并为其中的客户推介与其喜好匹配的商品。这种新的用户圈会影响平台上所有的产品，包括产品本身、产品之间以及产品与消费者之间的关系。这一新的偏好群体将被整合进产品客户的网络结构中，从而增加了产品的覆盖面。在消除了系统外的风险后，它将达到一个新的平衡状态（图 3-2-5）。

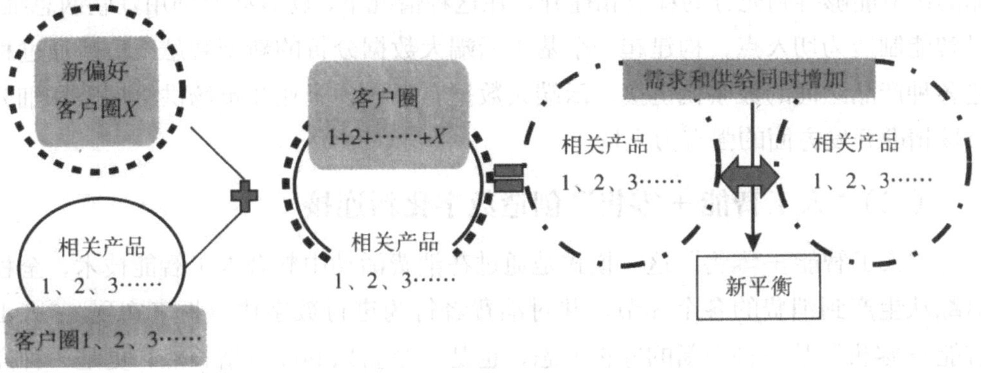

图 3-2-5　捕捉新偏好引发的供需再平衡

二、打破了实体交易市场的时空限制

互联网市场突破了传统实体交易市场的时间和空间限制，使得小众商品也能展现出规模经济和范围经济的优势，这进一步促进了个性化和定制化产品在贸易市场中出现，使得贸易产品展现出多元化的发展趋势。一方面，出口企业展示产品的货架由“有限”趋向“无限”，能够以近乎为 0 的边际成本在互联网市场中展示更多商品；另一方面，出口市场范围大幅扩大，出口企业能够联通全球市场销售产品，这就使得小众商品能够在全球市场的加成下获得规模经济与范围经济带来的超额收益。

（一）“上云用数赋智”创造数字化新连接

对于生产型企业来说，将数据视为生产过程中的关键要素，运用这些数据以创造更多价值是其数字化转型过程中的基础需求。在此背景下，我国许多生产制造企业都积极进行数字化转型升级。2020 年 4 月 7 日，国家发展改革委与中央网信办联合发布了一份名为《关于推进“上云用数赋智”行动培育新经济发展实施方案》的文件。这一文件为生产型企业在数字化转型方面提供了清晰的指导方针，即通过运用大数据、云计算和人工智能等前沿技术，对现有的生产关系进行改革，从而实现生产关系的数字化转型。

尽管许多企业已经实现了生产流程的数字化，但仍然需要改变其经营和管理方式，根据消费者的需求和变化来重新思考和设计产品的内涵，以确保数字化产品的价值能够得到充分的释放和提升。在这种情况下，就有必要利用互联网思维，以智能制造为切入点，构建起一个基于云端大数据分析的新型智慧工厂。通过构建各种产品之间的数字化链接，云端大数据有望成为企业在市场供给调整和细分市场精准开发方面的强有力支持。

（二）“人工智能 + 零售”创造数字化新连接

“人工智能 + 零售”这一模式是通过在消费活动中整合人工智能技术，全程追踪从生产到消费的各个环节，并对消费者行为进行数字化分析来实现。“人工智能 + 零售”是一种全新的零售形态，也是一个新兴的经济增长点，更是一种商业模式创新。目前，随着众多单一产品或多个产品智能集成，新的消费模式产生。这种新的人与物的连接方式为消费者创造了全新的消费环境和途径，使得消费行为更加自由，这与消费行为的变化逻辑一致。智能新零售模式将成为未来零售业发展的重要趋势之一，它能够帮助企业获得更多的利润空间。在当前的智能新零售阶段，其显著特点包括全面的渠道营销、智能识别技术、精确的客户服务和社交互动体验，这些都是以消费者需求为核心，更加强调线上与线下业务的深度整合。通过大数据技术，企业可以对商品进行全面分析，从而实现更精确的广告投放以及更好地为顾客进行定制化服务。

（三）“平台 + 偏好”创造数字化新连接

每一种消费偏好的出现会催生一个特定的细分市场，进而催生新的供给以实现新的平衡状态。在这个过程中，互联网企业通过对消费者行为特征的研究分析来预测潜在客户群体的数量以及其未来发展方向。在数字化消费的时代背景下，网络消费服务平台生成的交易、浏览和咨询等各类信息数据共同构建了该平台的大数据系统。用户可以通过调整关键词搜索、浏览频率和购买记录等参数来推算出具有相似或一致偏好的用户群体。在这个基础上，通过分析不同用户群体间存在差异的原因及特点，利用数据挖掘技术为其提供个性化、定制化服务，从而实现消费者对特定产品或者服务的精准选择。例如，像阿里巴巴这样的购物平台，它们通过捕获用户的偏好，在虚拟市场中创建了多个新的偏好圈子，并根据这些偏好圈子智能地推送与其偏好相关的产品和服务，从而让用户与这些产品建立新的联系，以满足不断增长的需求。短视频社交平台也能在用户偏好的圈子中建立社交网络，用户可以通过点赞视频来识别有共同喜好的朋友。这种互动模式使得消费平台形成一个庞大的用户群体。这不只是那些共享喜好资源但又各自独立的用户群体，同时也是那些之间存在数据互动（如聊天、分享等）的群体，好友之间的推荐和分享能够产生众多新的连接方式。

三、推动出口企业，满足市场中的个性化需求

贸易市场竞争加剧推动出口企业，满足市场中的个性化需求，由内在动力驱动产品多样化，为优化出口产品结构、培育外贸新优势提供了新渠道、新机遇。随着数字化经济的发展，贸易门槛不断降低加剧了出口市场竞争，而智能化生产调整、互联网赋能下的创新成本降低以及创新溢出效应提升使得企业能够迅速以较低成本推出相应的个性化产品，由此使得企业具有较强的通过生产差异化产品满足个性化需求的内在驱动力，最终有利于打破长期以来出口产品同质化的桎梏，为我国出口提供“质”的可持续增长。

第三节　数字化经济推动国际贸易组织结构网络化

一、推动组织分工的进一步细化

随着数字化经济的快速发展，市场的协调成本逐渐下降，这不仅使分工更为精细，还形成了网络化的生产组织方式，同时也减少了信息不对称导致的资源配置错误。数字技术的普及使得信息传递更为高效，从而大幅降低了企业和产业链之间的沟通成本和协调难度。这种技术的应用进一步使我国出口生产的分工更为

细致，有助于提高我国的整体出口竞争力。另外，数字技术的运用不仅提升了生产资源的综合管理和分配效率，还使得企业能更迅速地依照外界信息来优化内部的生产布局，从而更有效地把生产资源分配到产品制造过程中。从产业角度看，互联网的“全国统一市场”特性推动了出口生产的跨区域协调与分工，得益于产业链的上游企业和下游企业，以及不同产业链之间的协作，该区域的产业会把生产资源分配到优势比较明显的领域，由此减少了区域间的资源错配，有助于提升我国整体出口竞争力。

（一）职业中间商的衍化和发展

“交易服务中间商”所协调的模式可以追溯到原始的工厂组织，即包买商制度，此外，也与当今的服务外包有相似的特点。杨小凯和黄有光最早使用超边际及一般均衡方法论证了职业中间商的一些特征，但将职业中间商作为外生变量没有将生产与交易的分工过程内生到模型中，因而并没有解释职业中间商的作用。后来部分学者突破了杨小凯模型的局限，将职业中间商分为交易服务中间商（佣金中间商、代理中间商）和加价中间商，并将职业中间商加入模型中，从而有效分析了职业中间商是经济系统劳动分工内在演进的结果而不是经济环境给定的。庞春在总结前人的基础上，将服务中间商内生性运用到模型中，并通过有效分析证明了交易服务中间商是专业化和分工水平提高的产物，它因为贸易交易效率的提高和单位产品交易的成本下降而从生产发展中分离出来，是经济发展的重要标志。

随着互联网和信息技术的不断进步和发展，电子商务应运而生，使服务中间商改变了传统的代理服务方式。电商平台作为一种信息的集成平台，能减少中间代理服务商进驻买卖国的过程，简化交易过程和交易程序，从而提高贸易活动的交易效率，降低单位产品的交易成本，提升专业市场的内生比较优势。这是因为，一方面，电商平台的共享性和开放性使贸易买卖双方、服务中间商更快地参与到贸易交易活动中，促进专业化分工形成，进而提高贸易的交易效率；另一方面，电商平台的集聚性促使贸易活动中的各经济个体活跃在电商平台上，并逐步实现规模化和范围化的发展，从而降低单位产品的交易费用。因此，跨境电商使得贸易方式发生了改变，促进市场经营者、国际贸易卖方以及服务中间商分享平台所形成专业化报酬，以及分工协作报酬等，而不断完善的物流体系、通关政策、在线支付等降低了货物运输的成本，提高了贸易活动的交易效率和贸易产品的质量。由此，跨境电商环境下的国际贸易方式随着信息技术的进步便内生地产生了。因此，本书认为，跨境电商平台作为一种技术创新手段，通过提供交易的公共平台，使得贸易买卖双方及服务中间商可以更快地参与到分工体系中，达到减少传统贸易活动中冗余的交易过程和简化交易流程的目的，从而提高贸易的交易效率，降低贸易的交易成本，提升市场的内生比较优势，并产生规模经济效应和范围经济效应。

（二）基于劳动分工下新型专业市场的结构演进

假定专业市场开展国际贸易活动的过程中主要有国际贸易卖方（交易者、消费者）、服务中间商（物流公司、电商服务平台、外国自然采购人、外商代理服务商）、国际贸易买方（交易者、消费者）等经济主体，这些经济主体都具有多样化的消费偏好。因此，与专业市场经营户进行国际贸易，即将商品销售给国外消费者主要有以下三种方式。

1. 自给自足的经济模式

在这种经济模式中，国家的生产力较低，国家仅仅为了本国的消费而生产 x、y 产品，因而此时的交易效率极低。尽管在生产过程中也会产生中间传递的过程，但由于交易的数量少，所以往往会看作自己国家生产生活的一部分，此时更多的是开展国内贸易，国际贸易还并未形成规模，因此，国际贸易买卖双方还处于自给自足的独立式国际贸易中。

2. 直接交易下的国际贸易方式

随着国际贸易交易数量和范围的扩大，一些市场产业集聚区和专业市场逐渐形成，而部分市场经营者为追求更大利润，尝试与国外批发商或国外采购商开始程度不一的合作，即市场经营者会将自己所生产的产品定期运往国际市场或与其合作的国外批发商那进行销售，完成国际贸易活动。当然也有部分国外采购商会定期到专业市场采购相关的产品，再将采购到的产品运送到自己本国内进行销售，从而完成国际贸易活动。此时，国际贸易买卖双方通过市场来交换他们的产品，进行国际贸易活动，但中间的服务环节大部分还是由卖方自己寻求专业市场内的服务中间商来协助完成相关的国际贸易活动，或国外的采购商自己进驻专业市场完成相关的活动。总的来说，中间服务活动通过贸易双方自己直接负责，贸易双方虽开始了局部的分工合作，但市场的内生比较优势和交易效率并没有达到最大化，使国际贸易双方的交易活动开始向专业化分工协作方式延伸。

3. 完全分工下的国际贸易方式

随着专业市场对外贸易活动的不断增加，贸易的交易范围越来越广，专业市场通过国际贸易获得的销售收入比重逐渐增大，因而，专业市场的国际贸易活动越来越受国家和地方政府的重视。互联网和信息技术的发展加快了专业市场国际化发展的进程，而专业市场内的交通通信、物流体系、信息网络等基础设施的逐步完善促使跨境电商获得了较大的发展和应用。跨境电商的应用使得国际贸易卖方及市场经营者可以直接专注于本国国内贸易，中间采购商借助跨境电商平台可直接进行贸易活动，从而减少乃至不去商品出口国进行采购，而国际贸易的服务环节则可以委托给服务中间商。服务中间商可以借助第三方集成平台完成交易双方的信息对接、合同签订、网上交易、物流运输及物流跟踪、货物通关等一系列服务可不用进驻经营者完成交易服务活动，这样就能简化交易的冗余过程和环节，提高交易效率。这种完全分工下的国际贸易方式使得贸易中的经济实体能够通过不同的贸易服务模式融入市场的产业合作网络，同时，国际贸易的组织模式也步入了完全分工的新阶段。

二、推动出口生产的服务化转型

随着数字技术的进步，市场的协调成本逐渐下降，这使得生产性服务的“外包”更加符合企业的发展。这种“外包”不仅有助于提升出口企业为客户提供服务的质量，还有助于促进我国生产性服务业向专业化方向发展。

（一）数字化经济对服务贸易的影响

1. 数字化经济促进服务贸易竞争力提升

（1）数字化经济促进服务贸易新业态的崛起

伴随着共享经济、数字支付等新技术的迅速发展，数字化经济促进了服务业的创新，并加强了服务贸易的虚实结合。这为现代服务业与第一、第二产业进行密切合作提供了良好的条件，能够助力各产业实现数字化、信息化转型，优化产业结构，提高服务贸易水平和国际影响力。

（2）数字化经济赋能传统服务贸易升级改造

数字化经济为传统服务企业提供了数字化技术，利用网络把供应和需求连接在一起有助于完善服务贸易方式，提高服务贸易智能化水平，减少服务贸易费用，推动服务业数字化转型。由于数字化经济的进步，传统模式下无法交易的项目变得可以交易，这增加了服务贸易的种类，扩大了服务贸易的规模，并完善了服务贸易的结构。

（3）数字化经济促进服务贸易全球价值链攀升

数字化经济的兴起优化了服务贸易的产业结构，促使服务贸易向数字化转型，弱化了信息遗漏和地域距离对服务交易的制约力度，完善了全球价值链的交易环节，能够推动服务贸易在全球价值链中的发展。

2．数字化经济促进服务贸易效率提升

（1）数字化经济可以优化资源配置

数字化经济将资源进行数字化处理能够弱化信息遗漏所带来的效应。数字化经济可以依托互联网技术消除地域限制，分析各种信息资源，从而实现信息的快速传播。数字化经济对有关数据进行剖析，之后把其解析为有用的信息，并借助数字化消费和数字化产业来拓展市场。在生产环境中，数据视为一种边际成本比较低的生产要素。数据与资本和劳动等要素融合能够优化市场投入模式，弱化传统的边际生产力递减和资源短缺的约束力度，大幅提高要素的整体生产力和优化资源配置的效率。

（2）数字化经济能够降低服务贸易成本

在数字化经济的催化作用下，传统服务业的生产和运营模式得到了进一步完善，降低了搜集信息、进行交易和管理时间的费用，如跨国咨询服务和线上医疗服务等。

得益于数字化经济的发展，服务贸易成功地确立了其在规模经济中的领先地位。数字化经济不只扩大了服务贸易的覆盖面，同时也促进了跨国电子商务在全球市场的壮大。在数字化经济中，由于边际成本减少，相关的企业成功地降低了他们的总平均成本，这为他们提供了扩展业务规模的机会。

（3）数字化经济可以实现供需精准匹配

在数字化经济的背景下，企业能够迅速地获取到市场的各种信息，从而提高市场对需求的反应速度，并鼓励供给侧适时地优化策略，进一步推动服务的创新。利用大数据技术，企业可以更深入地洞察消费者的喜好、日常习惯等，从而给各类消费者设计出更为精确的市场策略。另外，数字化经济的崛起也促进了长尾效应的扩大，为满足各种顾客的需求制定了多种解决策略。因此，服务贸易形成了一个从市场需求、企业供应到商业推广的完整流程，这进一步提升了服务贸易的高品质发展标准。

3．数字化经济有助于人力资本水平提升

在服务业领域中，大多是知识和技术的资本密集型企业。在服务贸易的成长过程中，知识与技术资本扮演着不可或缺的角色。人力资本不但是知识的塑造者，同时还是知识的传递者，一个国家在服务贸易方面的国际竞争力会受到其人力资本水平的深远影响。因此，为了经济的高质量增长和服务贸易竞争力的提升，提升人力资本水平显得尤为重要。与此同时，数字化经济的发展也推动了人力资本水平的显著提升。首先，要对劳动力市场中信息缺失的情况进行完善。提升劳动力技能水平旨在更好地适应市场的需要。通过劳动力平台的信息技术应用，劳动力的流动变得更为流畅。其次，在信息化时代，知识和教育信息的传播变得更为方便高效。得益于数字化经济的外部效应，知识的传播变得更为流畅，教育资源也变得更为丰富。同时，还提升了劳动力的学历和优化了劳动力的技能结构，这有助于积累专业的人力资本，并为服务贸易的高品质发展提供持续的动力。

（二）数字化经济对我国服务贸易的影响路径

数字基础设施如互联网宽带和移动电话交换机的进一步完善促进了数字化经济持续增长。科学研究和教育方面的资金注入为数字化经济的创新和成长提供了必要的技术支持和人力资本，同时，数字产业规模的扩大也会推动数字化经济持续发展。由于数字化经济持续壮大，服务行业和服务贸易将会深刻地受到数字化的影响，这种影响主要表现在贸易的对象和方式上。数字化经济的不断发展使得数字技术和数字平台也在不断地进行升级，这完善了服务贸易的交易方式，降低了服务贸易的费用并提高了服务贸易的便利性。在数字化经济下，数据交易的方式逐渐被越来越多的企业所采纳，如在线预约服务、模拟装修业务，这优化了传统服务贸易对象的形式，增强了已有服务贸易的可交易性（图 3-3-1）。

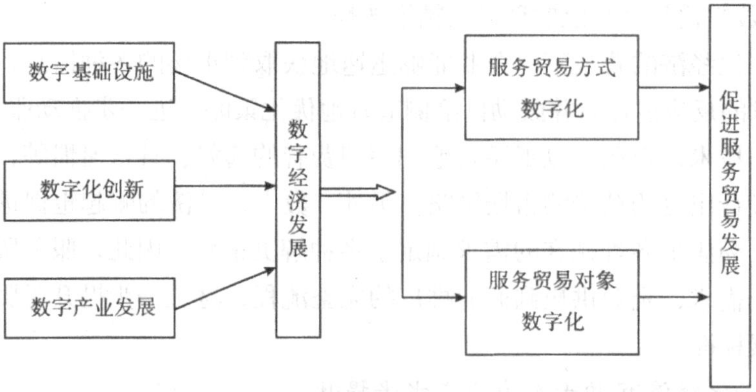

图 3-3-1　数字化经济对我国服务贸易的影响路径

1. 服务贸易方式数字化

(1) 降低服务贸易成本

数字技术的进步优化了信息传输的方式，提高了服务贸易企业在信息传输方面的质量和利润，大大降低了服务贸易的费用。

①在服务贸易领域，交易双方可以借助数字化网络平台来查询对方的详尽资料。现如今，比较受欢迎的咨询网站和交流软件为人们提供了一种非常便捷的方式来搜集交易数据，这大大降低了双方在交流过程中的信息成本。

②随着数字技术的不断发展，出国旅行和留学等海外消费变得更为便捷，这使得顾客能够在国内的平台上选择旅游产品并进行外币兑换。我国政府采取了多种补助和退税措施，以激励人们在海外进行购物，这显著降低了顾客在境外的消费成本，优化了他们的购物体验。

③由于数字化经济迅猛发展，数字化平台获得了稳固的技术支持，这有利于让贸易双方利用数字平台更快地进行谈判、签订合同和完成通关等工作。与以往面对面的交易方式相比，此种策略大幅减少了谈判、签订合同和完成通关的费用。

④鉴于数字化经济时代的到来，企业可以利用先进的物流管理策略来降低在服务贸易中的物流费用，进而提升企业的经济效益。

(2) 促进服务贸易便利化

在信息技术行业中，数字化经济呈现出高效和便利的特质，将其整合到传统的建筑、旅游等服务贸易行业可以显著提高人们的工作效率。数字化经济对于服务贸易的推动效果主要体现在以下几个关键领域。

①数字化经济能够让跨国移动支付变得更加方便。在线支付工具如网易跨境支付和支付宝的广泛应用提升了国际贸易支付的效率。此外，顾客还可以选择通过境外消费来开展服务贸易活动。

②数字化经济能够让服务贸易的交易流程变得更为流畅。企业可以把互联网和其他数字化经济手段融入服务贸易的公司和监管部门，借助计算机、手机等移动工具来实现服务交易的目的。

③企业可以依托数字技术和数字化平台来传播信息，这样可以更好地获取到顾客、竞争对手和国际市场的相关信息。

2. 服务贸易对象数字化

(1) 改造传统服务贸易形态

在服务贸易领域，数字化经济的普及促进了劳动密集型产品向数字化转变，优化了传统的服务贸易方式。

①在数字化经济时代，移动支付在传统服务贸易中变得越来越普遍，这大大缩减了银行服务网点和自动取款机的数量，改进了传统服务贸易的表现形式。

②在数字化经济时代，服务贸易可以通过数字化平台探索出新的发展模式。借助数字化经济中的大数据，服务贸易能够与互联网、人工智能和虚拟平台连接在一起，从而促进在线质量检测和售后服务的进步，完善传统的贸易模式。

③得益于信息通信技术和跨境电商的进步，传统的服务贸易现在能够利用数字化平台从实体店迁移到网络平台进行交易，如在线教育和在线医疗服务等。这一变革完善了传统服务贸易的模式，显著提升了服务贸易的效率。

(2) 提升服务的可贸易性

在数字化经济的背景下，尽管大部分服务行业都是本地化的和不可交易的，但互联网技术能够改善这种情况，从而增强服务的可贸易性。具体而言：

①数字化技术的发展壮大促进了服务贸易的进步，进一步促进了跨境支付这种交易模式的兴起。

②随着数字化技术的进步，顾客在国外的消费体验变得更为丰富，包括从预订机票到住宿和旅游景点的规划，再到最后的返回，这种全方位的服务扩大了服务贸易的覆盖面。

③随着数字化技术的发展，服务提供商将会在接待国设立分支机构，以便为顾客提供他们所需要的各种服务。

④随着数字化技术的发展，国际服务贸易中的人员流动创造了更多的可能性，如在线教育服务和线上办公服务获得迅速发展，这能够推动各国的经济发展。

第四节 数字化经济推动货物贸易的转型升级

一、跨境电商海关通关监管模式创新

（一）分散型监管

为了推动跨境电商的发展，政府制定了很多政策，这为我国外贸行业在跨境互联网领域的发展指明了方向。这些政策基于微观层面，重点探讨了跨境电商在交易、结算以及纠纷处理中所面临的通关管理难题和相应的解决策略。随着各类跨境电商政策的推出，我国也开始尝试以试验的方式来研究通关监管的新方法。相关部门按照“先试点运行、后全面推广”的策略，在全国范围内启动了多个试点项目，包括跨境电商服务的试验和双边电子商务经济合作的试验。不同的试点项目在内容上不一样，但都是对跨境电商的通关管理工作进行的初步探索。许多试点城市逐渐应用跨境电商通关服务系统。

在这一发展阶段，国家的战略方向是分散型监管，每个核心机构都在海关的引导下制定了相关的政策法规，并在各自的监管区域内进行了规范。

（二）集中型监管

跨境电商因其独有的线上优势，优化了顾客的购物体验。与此同时，顾客对于实体店的优质服务也非常期待。因此，在通关监管过程中，跨境电商所遇到的“通关难、结汇难、退税难”等一系列难题引起了人们的普遍关注。

为此，我国制定了有关简化通关程序的相关法律和政策，并将海关总署选定为公布文件的关键机构。2014 年，海关总署设置了“跨境贸易电子商务”和“保税跨境贸易电子商务”的海关监管代码，这给跨境电商的进出口业务在海关提供了合法的身份证明，随后，采用了“清单核放、汇总申报”[①] 等多种策略，以简化电子商务商品的报关过程。2016 年，我国大力推动跨境电子商务综合试验区建立，并逐步实行了一系列旨在简化流程的改革措施。

G20 贸易部长会议首次把跨境电商整合到合作的领域中，这给跨境电商的跨境监管合作创造了新的机遇。在这一阶段，所有参与者把提高跨境电商的通关便捷性作为政策的中心目标。在试点城市借助横向合作可以加强不同系统之间的合

① 海关总署监管司．中国海关通关实务[M]．北京：中国海关出版社，2015.

作，这被视为集中型监管的策略方向。

（三）开放型监管

由于跨境电商交易量的快速增长，消费者面临伪劣商品的问题也在增加，因此优化海关的风险管理变得越来越重要。在这样的环境中，政府在跨境电商的管理上，无论是在规范性还是提效性上都展现了其策略的重要性。2017 年 3 月，多个部门联合签署了《关于对海关失信企业实施联合惩戒的合作备忘录》，目的是对失信的海关企业进行联合处罚，这一举动加强了我国海关监管信用体系的建设。

《中华人民共和国电子商务法》的执行标志着跨境电商通关管理进入了一个新阶段。利用电子口岸建设的战略优势和政策支持，多个试点区域开始创建跨境电商服务平台，如宁波的“跨境购”、杭州的“跨境一步达”等，目的是加强跨境电商公司与口岸管理部门之间的业务合作。2018 年，海关总署与中国邮政携手合作，在全国各地成功地完成了进出境邮件的网络数据传送。他们进一步强调，跨境电商平台应为海关提供必要的原始数据支付服务，并将在海关注册的跨境电商零售公司整合进海关的信用管理体系之中。公司在数据互联互通的基础上，推出了账册互转、集检分出等新的监管方式，这有助于提升通关流程的效率，并强化潜在风险的有效管理。在这个时期，强调通关便利化和风险管理的重要性有利于确保开放型监管策略得到高效的执行。

二、海外仓硬件设施建设兴起

海外仓指的是卖方或电商平台在境外建立的仓储中心。这些跨境电商卖方可以借助市场调查和预测，提早把符合大众需求的货物运到仓库。一旦买方下了订单，他们就能立即进行销售和配送。现如今，有的海外仓库还可以提供增值衍生服务，如清关、数据分析管理、市场调查和咨询等。

目前，海外仓主要有三类，分别为第三方公共海外仓、自营海外仓和合建海外仓。第三方公共海外仓是指由第三方电商平台或物流企业在海外市场建立的存储仓库。跨国的卖方可以租赁这些仓库，从而享用其所提供的存储和配送服务，如亚马逊海外仓；自营海外仓是指一种由出口企业自主投资并创建仓位的模式，其中所有的仓储和物流流程由该企业独立管理，一般用于储存和运输该企业销售的产品，这其实是对传统海外配送流程的内部化。兰亭集势是跨境电子商务的代表，一直自主经营海外仓库。最近几年，该公司在欧美等发达国家逐步设立了自家的仓储设施，成功地完成了商品在海外市场销售的目标；合建海外仓是指和当地公司在国际市场上建立合作关系，凭借其在当地的影响力来减少风险出现的可能性，进而顺利进入市场。以大龙网为例，在新兴市场里，它常常会与当地的物流企业合作创建仓库，并与合作方共进退。

（一）海外仓的业务流程

使用海外仓时，应当提早集中并批量地将货物运送到目标国家，这样有利于减少单位物流开销。在顾客下单后，商品就可以直接从当地的仓库发货，这为他们提供了良好的消费物流体验（图 3-4-1）。

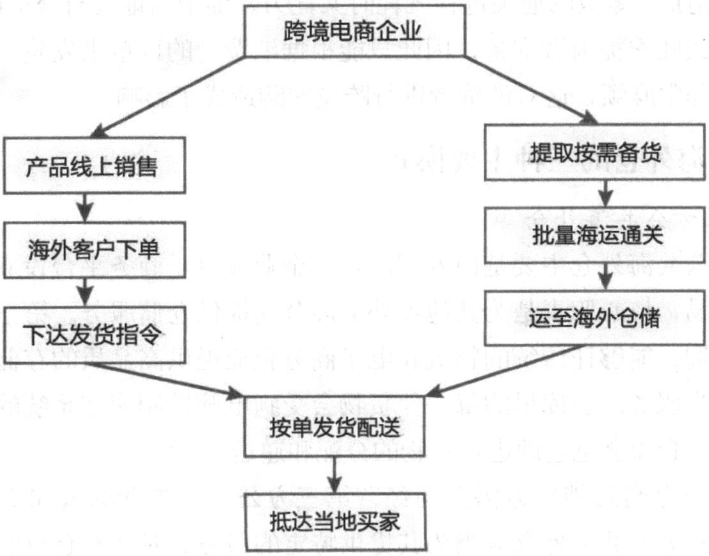

图 3-4-1　海外仓的业务流程

上图详尽地阐述了海外仓的业务流程。跨境电子商务公司会提前开展市场调查，依照市场的变化做准备，集中完成大量的通关流程，并通过海上运输将商品送至海外的仓储设施进行保存。在海外客户下单后，企业便能够通过远程控制手段将货物从本地直接送至客户那里。

首先，跨境出口电商提早把符合大众需求的商品大量发往海外仓既可以选择在本国进行清关，也可以选择保税出口。国际货物运输主要依赖集装箱进行海上运输，目的是减少每单位物流的费用。

其次，当卖方在电商平台上展出商品并由海外客户在线下单时，国内的电商运营团队会迅速作出响应，并向海外仓下达发货的命令。

最后，按照国内的指示，海外仓需要在最短的时间内完成分拣、包装和配送工作，也可以选择与本地的物流公司进行合作，以完成配送的最后一步。

由此可知，海外仓是一种十分高效的跨国物流工具，其通过研究以往的销售信息来预测以后的市场需求，并且会提早在本地仓库进行备货。大规模的海上出口不但能够降低每单位的运输成本，而且也节省了很多统一的清关流程时间。当地的仓库在发货时会大大缩短派送的时间，退换货也会直接返回到当地仓库，物流信息可以随时获取，这种方式对于买卖双方来说是双赢的。相对而言，传统的跨境物流方式所需的手续过于复杂，或者价格过高，或者工作周期过长，或者物流信息难于追踪，零散的通关过程既耗时又耗力。鉴于当地没有合适的存储设备，不能为淡季或旺季提前做准备，因此只能根据消费者的订单来发货，而且退货和换货的过程非常麻烦，这对消费者进行跨境网购造成了影响。

（二）海外仓的三种主要模式

1．第三方公共海外仓

第三方公共海外仓主要是由专门的物流企业或电子商务平台设立的，几乎不进行跨境贸易，核心职责是为其他境外电商公司提供仓储服务。第三方公共海外仓非常受欢迎，能够让传统的物流和电子商务企业提供高品质的存储服务以及相应的增值衍生服务。仓库里的每一件货物会受到电脑控制库存系统的管理，当消费者付款时，仓库会迅速地进行货物的分配和递送。

从事跨境电商的销售方需要向经营第三方公共海外仓的公司交纳相应的租金，而且第三方公共海外仓应当为其提供特定的服务。对持有仓位的跨境电商卖方来说，这种方式比较合理。具体而言就是，当第三方物流公司完成第三方公共海外仓储建设后，他们就会立即发出转租第三方公共海外仓的有关信息，从而将其租给跨境电商卖方。卖方只需支付特定的租金和相关费用，就能体验到第三方公共海外仓所提供的一系列服务。这一模式实际上是把第三方公共海外仓的物流环节外包了出去，旨在减少跨境电商卖方自主建立仓库所需要的资金和风险。更为重要的是，这种模式不需要烦琐的管理体系和人员招聘培训，因此很适合新成立的跨境电商公司。

2．自营海外仓

由于业务量持续增加，租赁第三方仓储所产生的成本也随之增加。部分卖方决定在目标国家建立仓库，目的是保护销售数据以及掌控商品在海外的销售行为。

这种方式能够使卖方全面监管物流流程，为消费者带来更高效的服务体验，还能够对本地终端的营销活动进行监督，以满足消费者的不同需求。比如，兰亭集势以前也利用过小包快递的方式进行发货，但是由于销售量逐渐增加，对物流时效性的要求也日益提高。为了优化消费者的购物体验，他们决定自主建设海外仓。

在海外建立仓库是一件极具挑战性的事情，这与当地的法律规定、货物清关等多个方面有关。另外，在经济比较发达的地区，建设和人力资源的成本都相对较高，短时间内很难实现投资回报。虽然存在这样的情况，但是仍有实力雄厚的跨境卖方打算自主建仓，他们希望在全球市场中增强自己的竞争力。第三方公共海外仓提供的服务具有流程化、标准化的特征，没有考虑到他们的差异化需求，无法真正实现本土化服务。因此，在考虑未来发展的情况下，一些实力强的卖方选择建设自己的仓库。

3. 合建海外仓

有的跨境电商企业决定和本地的物流公司进行合作，以共同建立海外仓。

与本地企业合作建立海外仓投入的资金较少，特别适合想要进入新兴市场的跨境电商公司。虽然租赁海外仓的流程比较简单，但这并不能适应公司在终端营销过程和市场大数据管理方面的要求。有的跨境电商卖方尽管已经拥有了市场份额，然而由于资金不足，他们会选择和当地的物流公司合作建立仓库，并与当地的合作伙伴共同分享利益和承担风险。这样做的目的是利用当地第三方的专业知识和影响力来提供本土化的服务。这种海外仓的建设模式在市场中占有很大的比重，并且发展势头相当强劲。由于其所需的资金远少于自建，而且还能从合作伙伴那里获取到有价值的本地市场信息，因此十分适用于规模较大且经常进行国际化经营的跨境电商卖方。

（三）兴建海外仓对货物贸易的影响

1. 缩短物流时间且准时运达率高

海外仓的好处就是可以立即响应订单并保证本地发货。美国寄送的包裹一般需要10～20天才能送达，在配送过程中可能会因为路线不稳定而出现明显的交货时间波动，特别是在物流需求旺盛的时候，接收包裹可能要持续一个月的时间。海外仓的使用促进了跨境批量运输的发展，能够保证产品从出发地到消费者手中所需的时间不会超过预期。例如，在西班牙设立的海外仓能够在三天内运送到全国的所有地方，这极大地减少了从中国发货所需的物流时间。更为关键的是，相较于快递小包而言，海外仓的订单物流时间更短，并且其准时送达的概率也更高。

2. 单位运费低，清关快捷，扩展了销售品类

由于海外仓具有提早批量发货到仓库的特点，这大大减少了货物的单位运费。同时，统一的批量清关或保税进口的方式可以大幅度减少人力和物力的消耗，这对跨境电商交易的双方来说都是有益的。此外，其还能增加销售的种类。传统的邮政小包会限制货物的大小和重量，当重量超过 2kg 或长度、宽度和高度的总和超过 90cm 时，就不能进行配送，这时只能选择商业快递，但其费用会非常高。

海外仓的资费涵盖国内运输资费、仓储管理资费，以及从海外仓送货到消费者手中的本地物流资费。大幅降低首程运输成本可以使整个物流流程的成本更具竞争力。通过大宗商品的货物运输方式进行国际运输摆脱了过去零碎和频繁的清关方式，节省了很多时间和精力。这种大规模的物流和通关方式显著地减少了公司原先难以减少的物流开销，能够推动跨国交易的发展。

3. 便于退换，对买卖双方均有利

在跨境电商领域，退换货是一个棘手的问题，这常常会给交易的双方带来影响。对跨境贸易来说，地理位置的限制让传统的交易流程变得异常烦琐，特别是在配送和退换环节。如果处理得不妥当，就可能会引发顾客的不满。以下是海外仓与传统跨境物流退换货耗时的对比（图 3-4-2）。

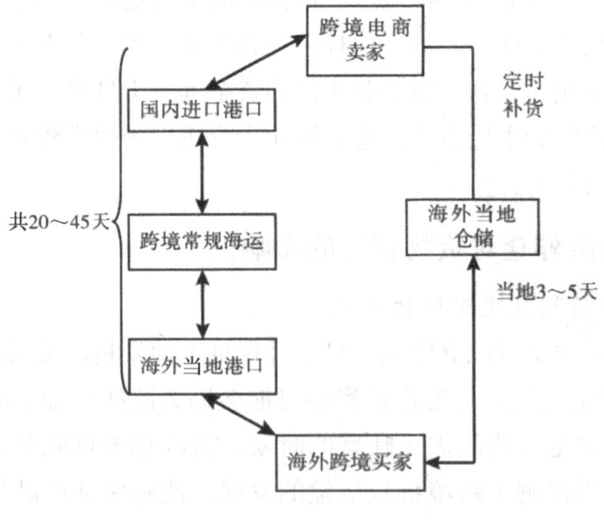

图 3-4-2　海外仓与传统跨境物流退换货耗时的对比

从图中可以看出，相较于传统的跨境物流，海外仓在退换货的过程中有很大的优势。在传统的跨境物流模式中，有些小商品的利润本身就相对较低，退换货都可能会导致经济损失。因此，在大部分情况下，卖家会付给买家特定的补偿金额，或者选择直接退款，或者选择补发等。海外仓的应用为跨境退换货问题提供了解决方案，只要再次进行退换，本地的海外仓就能轻松处理，无需消耗大量的时间和资金进行操作。实际上，亚马逊和速卖通等多个平台的研究报告指出，有海外仓支持的产品更容易引起消费者的注意，从而实现双方的交易。

4. 提高企业在海外的影响力，实现长远发展

一个公司如果拥有海外仓，就表明其掌控了重要的物流路径，这有利于增强其在国际上的影响力。如果电商公司想要持续发展并扩大其影响力，就一定要从顾客的购物体验开始考虑。为了提升客户的购物体验，只依赖传统的跨境小包物流方式进行竞争难以维持其长久的核心竞争力。由于业务规模的扩大和市场竞争的加剧，消费品跨境电商出口公司可以把生产和设计开发活动转移至进口国，并在那里建立自己的仓库，充分利用当地的资源来发展自己的业务。例如，在进口国境内建立海外仓。为了提升消费者的购物体验，公司可以运用前店后仓体验店的经营模式，这样可以引起消费者的关注。这种做法有助于增强公司对其经营产品的认识和信赖，同时也能处理售后服务网点存在的问题，进一步提升企业的影响力和销售额。

（四）未来海外仓的发展方向

1. 海外仓服务更加数字化、智能化

将海外仓服务与数字化、信息化技术连接在一起，云计算和大数据分析等方法有利于优化海外仓的库存管理，明确市场定位并降低经营成本。

第一，建立一个大数据分析平台，深入分析市场形势、群众消费行为和消费能力。研究库存商品的买卖轨迹、货物的转运时长和保存费用目标是确保库存迅速清空或按时补回，以避免库存过多堆积情况的出现。

第二，整理海量数据资源，从中筛选出适合储存在海外仓库的商品，然后基于顾客的购买评价调整管理策略、提升服务水平，实时观察市场变化，从而提升对订单的处理效率。

第三，借助高端的智能技术对轻型物件的分拣流程进行改进，增强商品的分拣效能，建设智慧仓库，缩短从分拣到出库的时长，利用阁楼式货架以提高每单位面积的工作效能。

2. 海外仓服务更加绿色化、多元化

集成各种智能平台、构建智慧化的物流链、创建跨境电商的优质物流方式能促进贸易活动有效进行。在选择产品的类目与个数时，海外仓的优势在于能全面审查国内外的市场趋势，选出最恰当的产品类型，明确产品的数量，并通过加工与特定区域的分类，分配专业的人士在仓库内执行任务。

3. 海外仓服务更加本土化

海外仓所提供的服务应当按照当地的经济条件进行调整，由此能深入地了解当地的文化传统，从而建立起一个双方都能受益的合作模式。第一，各个国家有其独特的风俗和工作方式，我们应理解并尊重。第二，增加本地职员的占比以及对职员培训的资金支持，重视人才培育，并努力提高中国职员对接待国法律、政策的认识。第三，与接待国建立良好的合作关系，进一步加强与接待国相关部门的协同工作，并主动承担企业的社会责任。

第四章　数字化经济引领国际贸易实践变革

本章主要介绍数字化经济引领国际贸易实践变革，主要从四个方面进行了阐述，分别是电子商务与新型贸易模式、国际贸易支付、贸易融资与供应链金融、跨境数据流动与数据安全管理。

第一节　电子商务与新型贸易模式

数字化经济为传统经济带来了更加合理的发展模式及组织架构。产业数字化和数字产业化构成了数字化经济的核心组成部分。电子商务不仅是数字化经济的先锋，同时也是对数字化经济的具体应用。电子商务利用互联网、企业内部网和企业外部网把商业流程的所有环节在信息技术系统中联系起来，打破了传统的业务操作方式。电子商务在全球贸易活动中的持续运用催生了国际贸易模式的一系列创新。在国际贸易实际操作中出现的电子商务活动，我们通常将其命名为跨境电子商务。

一、电子商务贸易的发展过程

（一）电子商务是不断发展的概念

1996 年，IBM 首次引入了电子商务的定义，将消费者与服务提供者或商业公司之间的交易行为电子化这一过程称为狭义电子商务。在 1997 年，IBM 又提出了一种定义，即依托网络技术来实现销售方、生产者、原材料供应商和政府各部门之间的商业活动流程的电子化。这一定义囊括了现实社会中所有商业关系的电子化，所以称作广义电子商务。本书中所说的电子商务是指广义电子商务，指的是借助电子技术把企业间的业务流程电子化，其中有公司、顾客和代理商之间的电子商务转换。电子商务服务行业是一个全面覆盖旨在提高电子商务交易效能的各种服务的综合体。该服务行业从多方面迎合了平台、卖家和消费者的需求，其业务范围包括电子商务金融支付、企业全链经营服务和日常生活服务等，这些都是支持电子商务发展的重要产业。

（二）电子商务数字平台经济构成框架

马丁·肯尼（Martin Kenney）和约翰·齐斯曼（John Zysman）将数字平台经济定义为涵盖了商业、政治和社会互动中越来越多数字化活动的更中性的经济形态[①]。

平台经济具有双边市场和多边市场[②]特征。作为市场的组织者，平台企业通过整合各种行为来完成商品在市场中流通的整体流程，并利用交易匹配来塑造新的供应和需求模式。

阿克斯（Acres）分析出了一个数字平台经济的概念框架，该框架由四个相互联系的概念构成，并在他人的改进下形成了数字平台生态系统（图 4-1-1）。一是支持全球数字平台经济的数字基础设施，即电信服务和设备公司；二是数字平台，即平台所有者；三是数字企业，即创新者；四是数字用户。平台致力于在供应和需求双方的用户中实现匹配，其中用户为平台贡献收益，数字基础设施、数字平台、数字企业、数字用户共同构建了一个生态系统。

电子商务作为数字平台经济的一个标志性商业模式，在其发展过程中，频繁地与传统商业模式进行融合与交叉。得益于其通用性和渗透性，电子商务成功地突破了多个产业之间的障碍，为产业之间的跨领域融合创造了机会。我们应当对电子商务的发展历程进行全面的分析，旨在识别出电子商务数字平台经济展现其产业组织功能的核心机制。

① 杨广越．新质生产力的研究现状与展望[J]. 经济问题，2024（5）：7-17.

② 袁嘉．互联网平台竞争的反垄断规制[M]. 北京：中国政法大学出版社，2021.

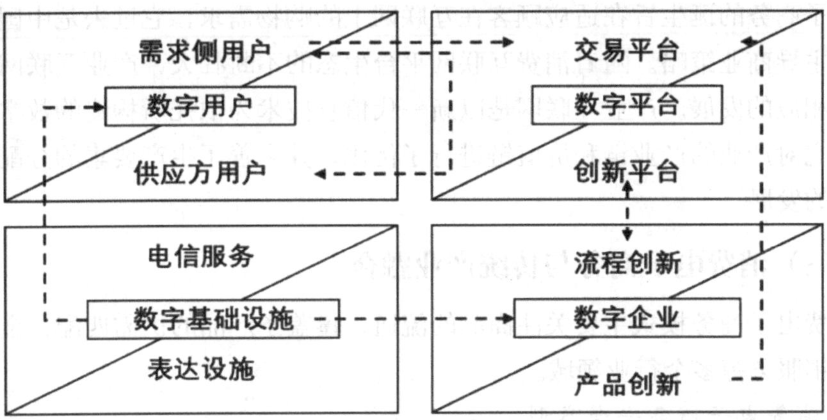

图 4-1-1　数字平台生态系统

由于互联网技术的不断进步，我国数字平台经济经历了三个主要的发展阶段，如表 4-1-1 所示。

表 4-1-1　我国数字平台经济的发展阶段

阶段指标	第一阶段	第二阶段	第三阶段
主要业态	信息互联网	消费互联网	产业互联网
平台功能	信息交互	狭义电子商务：交易撮合	广义电子商务：平台赋能产业
代表企业	百度、腾讯、新浪	阿里巴巴、美团、滴滴、拼多多、字节跳动、微信	贝壳、汇通达、树根互联
生产要素	技术、信息	技术、信息、知识、商业情报	数据、技术、信息、知识等高端要素与人力、资本、土地等传统要素融合
价值体现	信息传播	商品交易、创新服务、社交、供应链协同、电商流通生态圈	要素融合、跨界重构、产业链和价值链延伸、虚拟产业生态圈形成
技术基础	基于互联网和数据库的信息平台	基于互联网、云计算、人工智能技术的消费互联网平台	基于物联网、云计算、大数据、人工智能、区块链、边缘计算等技术的产业互联网平台

电子商务的诞生旨在适应顾客在互联网上的购物需求，它过去是中国互联网领域的主导商业策略。随着消费互联网平台生态的不断壮大，产业互联网平台也得到了相应的发展。产业互联网是以新一代信息技术为依托所构建的数字化生态系统，它对产业的产业链和价值链进行了优化，并完善了生产要素的分配，有利于经济的发展。

（三）消费电子商务与传统产业融合

消费电子商务模式主要关注商品的流通，覆盖了产品的供需匹配、金融支付以及营销服务等多个行业领域。

1．消费电子商务平台类型

首先，是公共第三方电子商务平台和以社交应用或短视频直播工具为主的商品销售平台。在消费互联网的时代背景下，公共第三方电子商务平台非常关键，其为电子商务平台的经济增长提供了方向。其次，是在传统行业中处于领先地位的公司，他们致力于实现互联网转型，并建立自己的电商平台。这些平台为传统企业创设了一种以市场销售为中心的现代供应链管理模式，有利于提升企业的经济利润。

2．消费电子商务与传统产业融合形成新业态

消费电子商务完成了以平台为核心的资源集聚和合理分配，激发了电商产业的集群效应，具体如下。

（1）电子商务新型流通业态

无论是生产端、消费端还是服务端，它们都依赖平台企业提供的平台管理服务来实现信息交流，并通过信息流来有效管理物流、资金流和事务流。这一举动能够促进流通现代化，并为电子商务创造了一个新的流通模式。线上与线下结合的经营模式非常受人们欢迎，批发商的市场地位正在逐渐下滑，而由大型零售商主导的供应链正在持续增长，这进一步促进了精细化管理和精准化物流管理的进步。

（2）电子商务金融业

传统金融服务正逐渐向网络化趋势转变，这一转变催生了网上融资、网上基金以及保险等金融业务的快速发展。在这其中，供应链金融的发展速度非常快，并且出现了一种向银行申请贷款的“网络联保”新模式，这大幅增强了金融服务的能力。

(3) 电子商务新市场

随着电子商务数字平台经济模式的出现，传统市场在交易分配、运营策略和治理结构上都得到了显著的发展。电子商务突破了传统的资源配置模式，推动了新市场的诞生，并逐步塑造了电子商务新市场模式。由于跨境电商迅猛发展，国内的产品以及工商业实体进入了国际市场。

(4) 电子商务新组织

电子商务孕育了众多的新组织，促进了传统组织朝着柔性化和网络化的方向发展。电子商务可以划分为两大类：一类是电子商务平台企业和电子商务服务新兴企业，涉及交通运输业、仓储转运业、电子商务等多个行业；另一类是电子商务催生传统企业在流程方面的升级和改造，新的市场环境也促进了企业管理流程的创新，从而进一步促成了组织结构的变革。

3. 电子商务催生政府新绩效

众多公司展现出了高技术性和新服务性，这给政府的管理带来了前所未有的考验。在中国，电子商务数字平台经济已经得到了经济社会学的支持。为了更好地促进电子商务持续增长，我国连续出台了一系列相关的政策文件。

（四）产业互联网商业模式逐渐形成

依托物联网、区块链以及边缘计算等新兴数字技术，产业互联网呈现为一种新的应用方式。产业互联网把数据视为中心，把数字平台视为载体，建立应用场景和数字生态系统来完善供应链能够促进数字技术与传统产业的深度整合。

电子商务平台构成了数字化经济增长的核心，新兴的信息技术为产业互联网提供了强大的技术支撑，依托产业链平台进行基础设施建设有助于实现连接和赋能。产业互联网的基础设施主要分为三类：第一类是基于多个行业的技术服务平台所构建的，能够满足各种行业要求的ICT基础架构；第二类是像电力和交通这样的传统基础设施，其正在经历数字化的升级，目的是为各种行业提供数字化服务；第三类是全产业链服务行业平台努力在产业链的各个环节实现高效的协同管理，以此来提高产业链的经济效益。

生产的组织构架和社会的分工模式都产生了明显的转变，具体而言，企业组织结构表现出扁平化的特征；产业组织表现出网络化的特征；产业集群表现出虚拟化的特征。产业互联网的普及能够帮助企业从多个角度整合产业链，提高资源分配的效率，并促进产业结构优化升级。在大部分细分领域里，由领先的公司主导的创新平台正积极推进细分行业的互联网基础设施建设。

产业大脑把数据的整合与应用视为基石，它是产业互联网进步的关键环节。产业大脑汇集了从研发到销售，再到售后的整个产业链的全部数据，并对这些数据进行了深入研究。在对大数据进行深入分析后，产业大脑以恰当的方式组织了各个细分领域的企业实体，最终构建了一个健全的虚拟产业链。依托于前述的产业互联网基础设施平台和新兴的产业链平台，全部产业链平台上的产业大脑已逐渐成了分析产业链数据和实现跨主体合作经营的关键点。

二、电子商务革新国际贸易

（一）电子商务背景下的国际贸易产业

1．企业管理流程再造

电子商务主要集中在交易活动中，从产业融合组织理论的视角来看，电子商务有可能会影响企业在市场上的行为模式，从而进一步影响企业内部的运营模式。这能够推动企业根据国际市场的需求数据来优化管理流程，降低营销成本并提升影响力。电子商务零售优势在于其低廉的成本和高效的信息传播，这使得商家能够根据供需信息来进行生产，从而提升顾客的购物体验。总之，这一“以需求为中心的销售策略”不仅能够降低运营成本，还能够促使企业对业务流程进行完善，进一步提升企业的核心竞争优势。

2．企业间关系重构

一方面将数字技术作为引领，整合生产、流通和服务的各种资源，并把核心企业作为中心，创建一个网状的国际电子商务产业集群。随着电子商务的不断壮大，企业间的边界逐渐变得不那么明确，这使得企业能够在一个全球化的虚拟环境中运营。另一方面电子商务与传统的产业集群之间能够相互促进，共同塑造电子商务的集群结构。电子商务与产业集群之间有着正向的互动关系，依托产业集群产生的“聚集效应、信用优势”可以有效地推动实体经济持续发展。

3．供应链重构

电子商务是一个关键的供应链资源整合平台，它利用信息流将供应链中的物流、资金流和事务流连接在一起，能够对生产、销售和服务等流通环节进行数字化重构，从而推动国际供应链的协同管理。电商平台企业在产业链整合方法上的变革推动了生产、流通和消费的整合，有利于促进产业的升级和发展。

4. 生产要素重构

电子商务平台凭借其信息处理功能，可以保证国际市场的规则、模式和管理得到高效的协调，从而加强流通主体和生产主体之间的互动关系。在当前的市场环境下，众多的数据资源正在集聚，对数据的深入分析能够实现资源、资本和环境等多个方面的跨界整合。由于市场结构升级，政府也对外贸政策进行了调整，这能够推动信息技术和集成技术的数字化升级。

5. 电子商务产业链和传统产业链的解构和重构

随着电子商务与传统行业的深度融合，我们见证了新型电子商务数字平台经济的诞生。这不仅推动了相关企业转型升级，还推动了产业链升级和重塑。从产业整合的视角出发，产业整合的核心是跨越产业的边界。产业互联网平台是一种突破传统产业边界和促进产业间跨界融合发展的工具，具有重塑产业链的潜力，能够推动经济和文化结构转型升级。

（二）电子商务背景下的国际贸易营销

电子商务的兴起为市场营销带来了变化，催生出国际贸易营销的新思路，并形成了一种新型的市场营销策略，也就是电子营销。电子营销意味着依托电子信息网络来进行市场营销活动。得益于电子营销和互联网的强大支持，公司有能力开展各种生产、支付和信息化产品的活动。这些活动有助于人们之间共享信息资源，并强化彼此之间的互动关系。电子营销可以将实体市场转移到一个人们能参与的虚拟市场环境中。由于消费者参与欲的增强，现代化的互动营销形式正在逐渐形成。互动营销形式强调的是公司和客户之间的双向互动交流，这种形式完善了传统营销模式中公司对客户的单一推动形式。鉴于人们收入水平的提升和消费观念的改变，个性化和差异化的消费模式逐步崭露头角，成为普遍的消费趋势。互动营销鼓励消费者在生产过程中主动参与，这有利于让企业获得大规模生产的经济效益，并确保其产品满足顾客的特定要求，从而提升顾客的购物体验。在电子营销领域，由企业与消费者共同构建的营销模式叫作网络整合营销，其以消费者为中心，注重企业与消费者之间的持续互动，是对传统市场营销策略的一种创新。

1. 国际贸易营销方式的创新

随着电子商务的发展，国际贸易营销方式经历了变化，电子营销正是这种变化的典型代表。电子营销可以理解为两个方面：其一是利用电子技术进行的市场推广；其二是电子商务在互联网上的起始状况。

（1）国际贸易营销方式的创新内容

①相较于传统的国际贸易营销方式，商家可以利用电子商务的互动性和开放性来了解消费者的多样化需求，为消费者提供商品的流通信息和市场动态，从而确保消费者能够买到性价比高的商品，尤其是在新产品发布之后，商家可以利用电子商务的手段，给消费者发送新品的宣传广告和优惠信息，以激起他们的购买欲。

②利用电子营销策略，国际贸易公司可以与消费者建立坚实的营销联系，这有助于增强消费者对企业及其所提供商品和服务的信赖。

③国际贸易公司可以通过对电子商务后端数据进行分析来了解消费者的喜好，并为其设计个性化的营销策略。同样地，消费者也可以向公司提出他们的要求。这种个性化营销策略的主要优势在于它提升了企业与消费者之间资源分配的效率，能够达成一种双赢的局面。

（2）国际电子营销方式主要特点

相较于传统的国际营销方式，国际电子营销方式的核心特性如下所述。

①网络互动营销。国际电子营销方式在为企业提供帮助时，还需要顾及消费者的需求和企业的利益。网络互动的属性让消费者在国际贸易营销活动中的实际参与变得更为可行，这不仅提升了消费者在整个国际贸易营销流程中的地位，还增强了他们主动参与和选择的意愿。

②网络整合营销。随着电子商务的发展，企业与消费者之间的联系变得非常密切，从而形成了一种叫作网络整合营销的模式。它将消费者作为核心，注重企业与消费者之间的持续互动。其决策流程实际上是一个双向链网络定制的营销活动。

③网络定制营销。由于公司与消费者之间的联系逐渐加深，营销的信息也会更加个性化。电子营销的未来发展方向是从大规模销售转变成个性化定制销售。

④网络软营销。工业化大规模生产时代的强势营销与软营销有所不同，在传统的营销策略中，传统广告和员工推销是最有效的。软营销与强营销之间的差异是在软营销中，消费者是主导，而在强营销中，企业是主导。软营销的特点是在遵循网络礼仪的基础上，利用网络礼仪来实现一种精妙的市场推广效果。

2. 国际贸易营销策略的创新

在当前商业竞争日益加剧的背景下，市场营销的重要性日益凸显。为了确保企业能够在市场上占有一席之地，制定科学合理的企业营销策略尤为关键。电子商务对市场营销产生的影响具体表现为它优化了传统的营销方式，将其转型为电子营销。对那些选择开设实体专卖店或设立服务中心的传统营销策略而言，电子营销有非常多的优点，能成功规避资金流转周期长等多种问题。在国际贸易交流中，仅通过文字和图片传播信息是远远不够的，利用网络传播可以强化宣传的效果。电子商务营销不仅可以在互联网上创建自己的平台以激发广告商的参与热情，还能为企业的长期发展规划留出更多的时间，让他们分析怎样能更有效地进行营销活动，从而增强在市场中的竞争力。

（三）电子商务背景下的国际贸易运行机制

1. 跨境电子商务运行机制概述

在电子商务背景下，通常将国际贸易称作跨境电子商务。跨境电子商务是一种新的国际贸易操作方式，信息网络是其核心载体。跨境电子商务构建了一个在线虚拟交易平台，催生了全新的国际贸易操作方式，并加速了整合全球市场信息的步伐。网络贸易的发展强化了国家之间的经济和贸易往来，有利于推动国际贸易的创新。

第一，在跨境电子商务的大背景下，信息的迅速传播弱化了国际贸易的不稳定性，遏制了全球市场发展的盲目性，减少了国际贸易决策出现失误的可能性。

第二，跨境电子商务不会受到时间和地理位置的限制。在商业交易中，物质、时间和地理的束缚已经被打破，其有利于促进国际贸易的发展。

第三，在跨境电子商务环境背景下，产品和服务主要表现为数字信号，这有利于扩大贸易的范围。

第四，在国际市场上，信息的充分性正在逐步弱化。全球市场的垄断地位因信息不完整和不对称而受到了一定程度的削弱。市场的运作模式会更加高效地发挥其作用，为全球市场中资源的高效分配提供全面且高质量的信息服务。

2. 国际贸易运行机制创新表现

电子商务的不断壮大使得国际贸易信息的流通性得到了显著提升，逐渐形成了一种以信息交流为中心的虚拟交易市场，进一步优化了国际贸易的运行机制。

第一，国际贸易管理组织正在经历变革和创新。国际贸易公司构建了一个能够查阅企业财务报告和物资报告的电子商务操作模式。利用这种模式，国际贸易的管理团队能够获取详尽的贸易信息，这有助于他们在较短的时间里深入了解企业的运营状况，从而提高决策的准确性并加强对企业内部和外部的控制能力。

第二，得益于互联网的开放性和交互性等多重优势，国际贸易公司构建了一种虚拟化的电子商务平台，以进行全球范围内的商业活动。这种虚拟化的电子商务平台突破了国际贸易的时空界限，有利于让距离遥远的卖家和买家实时地进行互动，显著提升了国际贸易的效率。

第三，得益于电子商务的推动，国际贸易中的商品和服务已经转化为数字化的信号，这扩大了贸易的范围。

第四，国际贸易市场的信息使用效率不断提升，交易双方的信息对称度逐渐提高，市场的垄断现象得到了一定程度的缓和，国际贸易资源的整体分配效率也得到了显著提升。

第五，全球贸易的竞争日益加剧。随着电子商务的不断壮大，买家和卖家之间的联系变得更为紧密，这进一步加强了商品、服务提供者与市场、消费者之间的联系。

（四）电子商务背景下的国际贸易交易方式

1.跨境电子商务交易方式概述

在跨境电子商务交易中，各参与方选择通过电子方式进行，而不是直接进行面对面的交谈。电子商务采用了数字化的电子手段来传播商务信息并开展国际交易，它代表了一种非常新颖的国际贸易策略。

由于跨境电子商务的发展，新兴的国际贸易交易模式划分为完全国际电子商务和不完全国际电子商务。两者之间的主要差异在于是否可以凭借电子商务的方式来完成供货、结算以及其他完整的国际交易活动。完全国际电子商务能够充分挖掘全球电子商务市场的潜力。由于某些物质和非数字化产品不能利用网络供应，所以不完全国际电子商务就需要借助特定的外部条件来达成交易。

跨境电子商务的发展催生了国际贸易交易模式的创新，有利于推动我们改进过去的以纸质贸易文档为中心的国际贸易交易模式。处理纸质文档所面临的挑战包括重复性高、错误多以及成本高等。纸质文档是影响贸易增长的一个关键因素，而电子交易模式正好能够解决这一问题，推动国际贸易健康发展。

综合来看，随着跨境电子商务的不断壮大，国际贸易的交易方式经历了深刻的变革，使得以纸制贸易文件为中心的传统交易模式得到了优化。信息技术行业持续进步，国际贸易的快速增长迫切需要全球贸易操作数字化，目的是降低贸易的成本。电子商务的发展恰好与这一目标相契合。在传统的贸易交易模式中，消费者需要经历二十多个步骤才能收到货物，但在电子商务模式下，仅需八个步骤即可完成。电子商务为国际贸易公司在国际贸易交易流程上带来了革命性的变革，这促使了国际贸易管理向自动化、电子化和规模化的趋势发展，进一步推动了国际贸易交易方式的创新。

2. 国际贸易交易方式创新分析

电子商务的发展促进了国际贸易交易方式的革新。电子商务通过数字化手段来分析商务数据和组织商务活动，是对传统以纸质贸易文档为核心的国际贸易流程和交易模式的重大创新。随着信息产业与第二、第三产业的深度融合，迅速增长的国际贸易急需实现全球运营的信息化和电子化，优化过去主要依赖贸易单据流转的国际贸易流程和交易模式，重塑传统的流通方式，这有利于让买卖双方能够直接进行交易，完善整个社会经济的运行模式，从而实现国际贸易流程和交易方式的创新。

（1）国际贸易交易方式创新表现

①利用电子商务平台，国际贸易的双方可以实时地进行交流，获取或传递商品的信息和服务需求，这有利于促进国际贸易的发展。

②电子商务的发展在国际贸易市场上催生了两种交易方式：完全国际电子商务指的是借助网络来实时监控商品交易的过程；不完全国际电子商务指的是先在网上分享商品信息，之后如果双方达成交易，那么就会借助线下的渠道来运送商品。

③由于电子商务持续壮大，国际贸易相关的文档已从纸质化逐渐转向电子化，这一变革更新了国际贸易的操作流程，同时也减少了国际贸易文档的成本。推进国际贸易文件的电子化与国际低碳经济的理念相契合，增强了信息存储的稳定性，节约了贸易双方的文件存储成本，进一步提高了企业的营利能力，促进了企业的发展。

（2）国际贸易交易方式的新发展

电子商务的出现既对过去的贸易方式进行了调整，又给国际贸易的交易方式带来了深刻的变革。

①使传统的交易工具有了一定的变化。在以往的国际贸易活动中，商家和消费者之间应当彼此传输文件，消费者申请订单并填写付款发票，然后商家提交单据向海关申报，取得进出口凭证。跨境电子商务是一种新型的交易方式，它依照相关的政策规定，借助网络来进行文件的传输和分析，从而进行相应的程序处理，极大地提升了交易的效率。

②较传统的付款方式有了一定的变化。在传统的国际贸易活动中，大部分交

易是当面的现金交易或是通过银行间的转账来完成。然而，在电子商务环境中，买卖双方常常会选择利用在线银行进行交易，这种方式既降低了交易的费用，又提升了交易的效率。

③较传统的贸易手段有了一定的变化。在传统贸易模式中，通常是当面进行交易，但随着电子商务的兴起，这些交易环节中的许多流程发生了变化。在交易开始之前，销售方会通过虚拟网络平台发出大量和商品有关的信息。购买方也可以访问相关网站，以获取自己所需商品的详细信息。国际贸易中的许多谈判内容和流程是在互联网上完成的。与传统贸易方式相比，这种无需外出即可进行大量交易流程的贸易模式大大缩短了交易的时间，显著提高了交易的效率和速度。

（五）电子商务背景下的国际贸易宏观管理

1. 电子商务宏观管理概述

电子商务发展所产生的影响具有两面性，一方面为我国的国际贸易监管带来了前所未有的风险；另一方面为国际贸易宏观管理的创新开辟了新的发展道路。我国政府相关机构在运用电子商务进行全球贸易的宏观调控和电子商务的普及方面取得了明显的成果。具体表现为在出口商品配额方面采用电子方式进行招标；在线上完成进出口许可证的申请和发放工作；采用电子商务方式来进行海关的管理以及电子化的报关流程；采用电子商务方式来对进出口商品进行质量检查和管理；将外贸业务的整个流程电子化管理。由于这些变革和创新，国际贸易的管理变得更为透明和公开，这种监管氛围无疑会促进国际贸易的持续发展。

电子商务环境和交易模式的演变使得国际贸易的运营管理策略随之发生了许多的变化。在电子商务模式中，交易管理涉及物流和资金的管理，以及信息处理和贸易实体等多个领域的运营管理。随着电子商务的不断壮大，其在国际贸易活动中的管理模式往往更倾向于采用标准化的电子招标方式来实施出口商品配额。由于电子商务快速发展，我国的相关管理机构现在能够在相对较短的时间内准确完成企业投资资格的认证，以及对招标商品的配额使用情况进行检查、追踪和反馈。鉴于电子商务交易逐步朝着虚拟化和网络化的方向发展，国际贸易的监管机制也得到了进一步的发展，如在征收关税方面取得了明显的进步。尽管如此，我国政府仍需在这些领域为企业构建一套相对科学合理的法律体系，以实现企业管理的规范化，进而实现合法和合理的经营目标。

2. 国际贸易宏观管理创新分析

由于电子商务发展势头强劲，全球各国政府和国际机构在国际贸易管理上将会遇到一些问题。更关键的是，电子商务的发展也为国际贸易的宏观管理改革开辟了新的可能性。在国际贸易管理领域，电子商务的创新主要表现在以下几部分。

（1）电子网络平台建立

电子网络平台用于在线申请商品进出口许可证的办理，打破了传统实体窗口在办理商品进出口许可证方面的时空限制，显著提升了许可证办理的效率。我国海关部门借助电子商务来进行海关管理和电子报关主要有两大功能：首先，提升其工作效率。其次，推动企业的进出口业务，这不仅为企业带来了便利，还避免了逃税情况的发生。

（2）电子政务管理方式出台

出口商品配额实行电子招标，为政府、企业自行管理内外部事宜提供了诸多便利。通过实施出口招标机制，对外经济贸易管理部门能够在最短时间内确定企业的投标资格；能够对招标商品的使用状况进行检查、追踪、反馈和调整，从而显著提升国际贸易的管理效能；能够对招标商品的配额进行动态调整，以处理配额使用不足的难题；能够进行在线随机检查，撤销不符合规定企业的投标资格，这有利于提高企业的经济利润，规范贸易流程并净化商业环境。

（3）国际电子商务平台建成

在网络平台上进行进出口许可证的申请和发放不仅能够提升工作的效率，还能够减少人为因素的影响，增加工作的透明度。在进出口许可管理领域，电子商务非常关键，它能够协助有关部门进行全方位的进出口许可证审核，由此可以简化无关紧要的步骤，提升工作的效率。

（4）互联网构建下的商品管理系统

用电子商务进行进出口商品检验检疫管理。外贸商品检验检疫部门借助互联网创建了进出口商品管理系统的数据通信网络，旨在保证所有送检的外贸商品能及时得到检验，并取得检验检疫合格证书，这极大地提高了国际贸易产品的安全性。在国际贸易活动中，商品的检验检疫环节尤为关键，外贸商品检验检疫部门和外贸经营实体、保险公司、出口商品制造企业及其他检验机构有着非常紧密的商务合作。我国商检电子商务的发展以后会主要聚焦于三方面：分析受理和报验、分发商检证书、传输进出口货物的动态信息。

（5）国际贸易过程已实行电子化

完成外贸公司在整个流程中的电子化管理。电子商务的关键在于信息之间的互联互通。在国际电子商务交易的初始阶段，买卖双方会利用互联网进行沟通以达成共识，交易的后续阶段主要涉及电子支付以及货物的输送和追踪。从消费者的视角看，借助企业的电子商务平台，人们可以直接输入商品的订单号来查看当前的物流状况，从而避免商品的遗失。与此同时，商家可以根据物流的相关信息来降低商品的风险控制费用。目前，我国电子化的对外贸易运输管理正在迅速发展。

第二节　国际贸易支付

数字化经济时代，随着现代金融体系不断完善，各国央行职能未发生根本改变，但是交易媒介和工具发生了重大变化。在国际秩序构建中，数字货币有很强的冲击性，数字货币已经成为国际竞争的新兴领域。数字化经济下的国际贸易支付采用跨境数字支付的方式，由于业务模式的差异，所使用的支付和结算方法也会有所不同。

在全球范围内，数字支付业务涵盖了资金的结售汇和收付汇两个方面。通过对支付资金流向的研究可知，跨境进口业务与跨境支付购汇有着密切的关系，购汇方式有第三方购汇支付、境外电子商务接受人民币支付或借助国内银行进行购汇汇出等。与跨境收入结汇相关的跨境出口业务结汇手段包括第三方结汇、以结汇或以个人名义进行拆分结汇流入等。

一、跨境数字支付的主要渠道

在中国，跨国转账的汇款方式涵盖了第三方支付平台、商业银行和特定的汇款服务公司。经调查，人们使用第三方支付平台和商业银行的频率相对较高，特别是第三方支付平台。究其原因，一方面是第三方支付平台能够满足人们在跨境汇款方面的要求；另一方面是第三方支付平台所需的手续费比较低。当前，大部分需要进行跨境转账汇款的人更喜欢线上跨境支付方式。

二、跨境数字支付的主要机构

根据目前的发展状况来看，中国的跨境数字支付机构涵盖了国内外的第三方支付机构、银联和各大银行。鉴于我国的跨境数字支付所产生的效应，国内外第三方支付机构是人们首选的支付方式。当前，贝宝（PayPal）已经成为全球经济增长迅速的在线支付服务商，并在第三方支付机构中占据核心地位。PayPal 的业务为全球多个国家和地区提供了货币交易，尤其在欧美地区，这一业务受到人们的广泛青睐。PayPal 是在线支付领域的权威标准设定者，展现出了强大的品牌影响力。考虑到这一点，中国的跨国交易用户更有可能选择使用 PayPal 来进行支付。比如，在跨国出口活动中，PayPal 的使用频次显著增加。

随着国内第三方支付机构的进步，支付宝也得到了进一步的发展。2007 年，支付宝与多家金融机构建立了合作关系，联合为用户推出了跨境支付服务。从 2009 年开始，支付宝与维萨（VISA）和万事达国际组织建立了紧密的合作伙伴关系。当前，支付宝已经将其跨境支付服务延伸到多个不同的国家和地区，并且支持欧元、瑞士法郎等外币结算。

由于财付通与美国运通建立了合作关系，所以其网络支付服务可以借助美国运通来进行，这有利于在美国和英国的购物网站上达成跨境在线购物和支付。

快钱推出了一套专为外贸电商用户设计的跨境支付及国际汇款服务方案。快钱与西联汇款建立了合作关系，使得汇款支付过程能够进行自动化处理，这对于外贸电商来说，能够优化其结算的流程。如今，快钱已经具备了能够支持上亿张信用卡的国际支付实力，这极大地降低了风险出现的可能性。

汇付天下主要是为小微企业提供服务。在航空机票支付方面，汇付天下已经占有了将近一半的市场份额。在众多的第三方支付机构中，汇付天下无疑是佼佼者。

三、跨境数字支付的几种支付方式

（一）国际电汇

1. 电汇

电汇是卖家在实际外贸中运用最多的支付方式，大额的交易基本上选择电汇。实际上，低于 1 万美元高于 1000 美元的交易选择电汇也是一种不错的支付方式。

电汇手续费一般分三部分，第一部分是付款人付款银行产生的手续费，可以由付款人单独支付，也可以在付款金额中扣除；第二部分为中转行的手续费，一般在汇款金额中扣除；第三部分为收款人收款行的手续费，从汇款金额中扣除。

在实际的跨境电商进出口中，电汇分为预付、即期和远期。现在用得比较多的是 30%预付和 70%即期。电汇的支付方式主要有三种：前电汇为先收取款项，随后发货，并在发货之前预先支付货款，这对买家来说具有较高的风险；后电汇为先发货，随后收取款项，如果全部发货后再付款，这对卖家来说具有较高的风险；先支付定金，然后再支付余下的款项。在外贸交易中，出口商通常会对他们熟知的客户使用电汇支付方式，这意味着在发货之前会预先支付一部分货款，而剩余的款项则会在货物到达后支付。在大多数情况下，电汇的常规做法是预先支付货款的 30%，而剩余的 70%则可以在查看提单后付款。

当然，电汇的到账时间是商家关心的问题，目前都要在水单到以后，由财务确定钱到账，再做其他后续的操作，如发货。电汇时间根据各个银行不同区别很大，从三个工作日到一周不等。至于汇款路线，有的中间经过的银行少就快，多则慢些。最重要的是卖家一定要等客户水单到后确认到账再安排约定事项。

2. 国际电汇的当事人和流程

（1）国际电汇当事人

国际电汇有四个当事人：汇款人、收款人、汇出行和汇入行。

①汇款人，或称债务人，即付款人，通常是国际贸易中的进口商。

②收款人，或称债权人，在国际贸易中通常为出口商。

③汇出行是受汇款人委托汇出汇款的银行，在国际贸易中通常是进口方所在地银行。

④汇入行，又称解付行，是受汇出行委托、解付汇款的银行。

根据汇款过程中所使用支付工具的不同，汇款结算方式可以分为电汇、信汇和票汇三种。

（2）国际电汇流程

国际电汇是一种汇款手段，当汇款人提交申请时，会发出加押电报或电传给另一个国家的分行或代理行（汇入行），要求其支付特定金额给收款人。国际电汇的特点是收款较快，但手续费较高，因此只有在金额较大时或比较紧急的情况下，才使用电汇。具体而言就是，汇款人把特定金额存入汇款银行，然后该银行会利用电报或电传的方式将资金发送到目的地的分行或代理行（汇入行），以指示汇入行向收款人支付一定数额的款项，如图 4-2-1 所示。

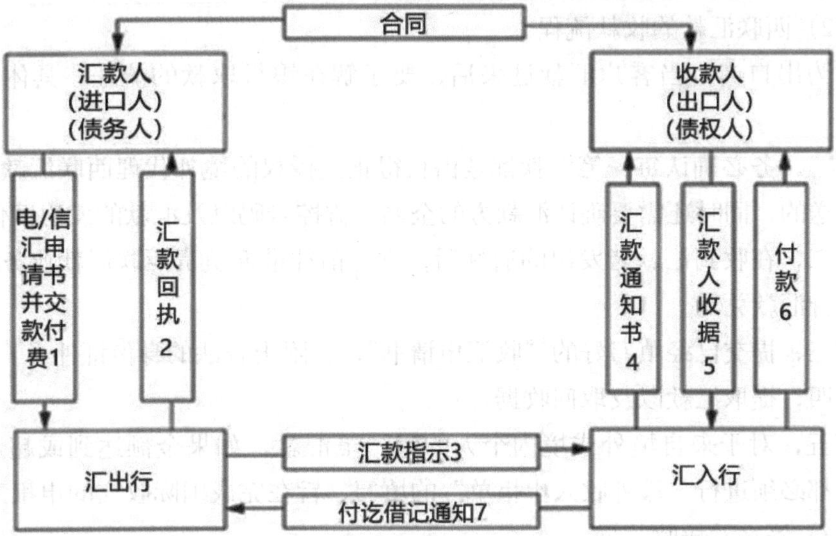

图 4-2-1　国际电汇示意图

（二）西联汇款

1. 西联汇款的定义

西联汇款实际上就是国际汇款公司，这家公司在全球范围内是发展迅速的特快汇款机构，拥有深厚的历史，并建立了世界上尖端的电子汇兑金融体系。

2. 西联汇款的流程

（1）西联汇款的付款流程

西联汇款分为即时现金汇款和直接到账汇款。即时现金汇款可以通过三个渠道进行：西联的分支机构、在线的银行服务和银联的在线服务。西联汇款的具体支付流程如下。

第一，在相应的分支机构填写“西联汇款申请书”和“境外汇款申请书”。

第二，提交填好的表格、汇款的金额、手续费和合法的身份证件，用户可以在外币汇款方式和人民币汇款方式中任选其一。

第三，在汇款流程完成之后，汇款者会拿到一张带有汇款监控号码的收条。汇款的一方必须向收款方提供汇款方的全名、监控号码以及汇款发送的国家等详细信息。

第四，几分钟之后，收款方可以在收款国家的西联汇款代理网点中领取相应的汇款。

第五，所有发出的汇款都要填写“境外汇款申请书”。

（2）西联汇款的收款流程

作为出口商，当客户汇款过来后，要了解在银行取款的流程，具体的流程如下。

第一，务必确认每一笔汇款都是由获得正式授权的境外代理西联汇款的分支机构发送的，同时还需要确认汇款方的全名、监控号码以及汇款的发出国信息。

第二，在收到汇款者发出的通知后，立即前往最近负责西联汇款业务的银行分行进行汇款兑现。

第三，提交已经填写好的“收汇申请书”，并附上合法的身份证件。

第四，提取汇款以及取回收据。

第五，对于来自境外或境内个人的每一笔汇款，如果金额达到或超过 2000 美元，都必须进行“涉外收入申报单”的填写，旨在完成国际收支的申报工作。

（3）签名并接收收据

在确认收据上的每一项数据之后，收款者需要签署一份收据。收据上所列的信息涵盖了汇款监控号码以及汇款的当前状况。如果确认汇款已经到账，那么收款者就可以提取现金。在前往西联银行分行之前，收款者一定要确认汇款可以提取。

对于首次使用直接汇款到中国银行卡账户的收汇方而言，应该在中国时间的早上八点到晚上二十点通过拨打中国服务热线来确认以下信息：收汇方的中文姓名、用于监控汇款的号码、收款方的合法身份证明、收汇银行的名字以及对应的银行卡账户。

如果同一个收款方多次使用同一银行卡账户的直接到账汇款服务，那么他就无需再次拨打中国服务热线来确认信息。然而，如果收汇双方的关键信息发生了变化，则需要拨打中国服务热线核实其必要信息。

（三）信用卡支付通道

在欧美发达国家，信用卡的使用频率非常高，发行量也很大。常见的信用卡组织有 VISA、万事达国际组织、美国运通公司、中国银联等。因此，在跨境支付中，信用卡支付通道成为一种较为常见的支付方式。

1. 信用卡的基本知识

信用卡上有卡号、验证码编码、有效期限以及发卡银行的详细信息。卡号由 16 位数字组成，VISA 卡以数字 4 开头，万事达卡以数字 5 开头，第 16 位数字根据前面数字的规则计算得出。信用卡的有效使用期限称为有效期。发卡行是一个专门负责信用卡发放的金融服务机构。

2．信用卡支付网关

（1）第三方支付公司

第三方支付公司是指与具有信用卡支付网关的银行合作，为商家提供信用卡支付服务，具备一定实力和信誉保障的第三方独立机构提供的交易支持平台。目前国内有环迅支付、网银在线，以及能同时承接公司和个人业务的优仕支付、E汇通、双乾支付、首信易等。

（2）3D 通道

3D 通道是指持卡人付款时，需要到发卡行进行认证（3D 数字认证或身份认证）的信用卡支付通道。因为涉及发卡行、收单行以及卡组织三个领域，所以叫作 3D 通道。3D 通道是涉及发卡行、收单行、卡组织、持卡人、第三方支付平台以及身份验证的一种安全认证通道。3D 通道主要适用地区为亚洲，3D 通道有以下不便之处：3D 通道以人民币为交易符号，持卡人（买家）在商家网站上付款时可能会因为不了解汇率而终止付款，付款时还需要去银行页面再填写一次信息，比较烦琐。例如，买家客户群体小，不符合国外消费习惯，则成功率比较低。

（3）非 3D 通道

无须 3D 认证，持卡人只需要输入简单的信息，即可进行支付，这符合国外买家的消费习惯。优仕支付通过数据交易系统和风控系统实时接收数据进行结算，使收款更迅速。非 3D 通道的优点在于实时到账，商家能在后台实时查询交易情况；符合国外消费者购物习惯；支持 VISA 卡、万事达卡等交易卡种；交易直接显示国外货币符号，成功率高。

（4）实时通道和延时通道

实时通道是商户在后台实时查询支付结果成功或失败、是否到账等的收款通道。实时通道的优点在于便于商户备货、发货；便于商户更好地服务买家；避免不必要的重复支付；提升买家购物体验。实时通道的缺点在于未授权交易不易察觉，容易被系统屏蔽，影响交易成功率。

延时通道是订单由银行系统与人工审核相结合进行审单，一般在 24 小时内反馈在线支付结果的收款通道。支付状态显示为待处理。延时确认一般白天会在 3 小时左右反馈出支付结果；一般晚上会在 8 小时左右反馈出支付结果。延时通道的优点在于银行系统与人工审核相结合，提高交易成功率；确认交易后，商户可安心发货，无须担心交易风险；提高商户信誉，增加订单。延时通道的缺点在于确认时间较长，无法实时查询支付信息；交易呈待处理状态，发货速度会受到影响。

3. 信用卡收款

其实在欧洲和美国，主流的付款方式还是信用卡，在欧洲和美国，信用卡是连接个人信用资料的，所以信用卡是非常安全的付款方式。现在，跨境电商平台与VISA和万事达国际组织合作，可以使用信用卡支付。

信用卡付款的风险核心点就是客户的退单和有小部分的信用卡安全问题。例如，消费者退单或者悔单，因为国际小额贸易前期物流等其他费用投入，对卖家来说往往损失不少。通常来说，支付公司在提供支付服务的过程中都会实施一系列相对安全的验证和加密手段，如与卡组织的黑卡库等进行信息共享。如果遇到黑卡或盗卡行为，那么系统将会拒绝支付。

（四）PayPal支付与结算

1.PayPal介绍

PayPal是1998年成立的在线支付服务商，其总部位于美国加利福尼亚州的圣荷塞市。这家公司准许人们通过电子邮件进行身份标识的资金转移，弥补了传统汇款方式的短板。PayPal与多个电子商务平台建立了合作关系，是支付货款的方式之一。在用PayPal进行转账时，PayPal会收取特定金额的费用。

2.PayPal的类型

PayPal账户分为个人账户、高级账户和企业账户。使用者可以从自己的实际情况出发来注册账户，个人账户可以进一步升级为高级账户，并最终升级为企业账户。企业账户也可以降级为高级账户或者个人账户。

（1）个人账户

个人账户主要是为网上购物的消费者设计的，可以用于支付和收款。然而，与高级或企业账户相比，个人账户缺少了商家所需的一些关键功能和特性，如历史交易记录的多功能筛选、网站的集成功能等，所以并不推荐卖方使用个人账户。

（2）高级账户

高级账户是为网上购物或网络销售的个人商户设计的，主要用于收付款，同时还具有集中支付功能，帮助商家拓展海外销售渠道，提升销售额，推荐进行跨国交易的个人卖家使用。

（3）企业账户

企业账户是为那些以企业或团体名义运营的商家用户设计的，尤其是那些使用公司银行账户进行提现的商家用户。企业账户具备高级账户的商家功能，能够创建多个子账户来进行收款，特别适用于大型商家。此外，为了方便转账，企业账户应当设立以企业名称为基础的电汇银行账户。

3.PayPal 的优势与支付流程

（1）优势

PayPal 的优势表现在以下几个方面。

①全球用户广。PayPal 在全世界多个国家和地区拥有上亿用户，并且能够利用多种外币进行交易活动。

②品牌效益强。PayPal 在欧洲和美国非常受欢迎，它被视为全球在线支付的典型代表，其强大的品牌影响力能够吸引大量的海外用户。

③资金周转快。PayPal 具有独特的即时支付和即时到账功能，可以实时接收来自海外消费者的钱款。在短短的 3 天内，它就能迅速地把账户内的资金转移到国内的银行账户中，从而有效地进入海外市场。

④安全保障高。健全的安全防护机制、丰富的欺诈防范经验以及行业内较低的风险损失率都是保证交易流程顺畅的关键因素。

⑤使用成本低。不需要支付注册费和年费，手续费只是传统收款方式的一半。

⑥数据加密技术。在注册或登录 PayPal 的时候，PayPal 会检查登录人员的网络浏览器是否正在运行安全套接字层（SSL）3.0 或者更高的版本。在传输过程中，信息会被 SSL 保护。

⑦循环结账。定期为客户开具账单、支付会员费或提供租用服务和制订分期付款计划。

（2）支付流程

通过 PayPal，付款人支付一笔款项给商家或收款人的支付流程可以分为以下几个步骤。

①只需提供一个电子邮件地址，就可以注册 PayPal 账户。付款方在注册成功后，确认身份并提供信用卡或银行账户信息，就可以把资金转入 PayPal 账户。

②付款方在向另一个人付款的过程中，需要先登录 PayPal 账户，确认要发出的款项金额，并输入收款方的电子邮件地址以完成支付。

③随后，PayPal 会通过电子邮件通知商家或收款方，提醒他们有钱款需要提取。

④倘若商家或收款方也使用的是 PayPal，那么在其确认接收付款后，付款方汇出的资金会直接转移到收款方账户中。

⑤如果商家或收款方没有 PayPal 账户，那么他们可以根据 PayPal 电子邮件中的提示在网上注册一个 PayPal 账户，然后将收到的款项转换成支票寄送到指定地址，或是转入其他账户。

根据上述过程，倘若商家或收款方使用的是 PayPal，那么钱款就会直接转入他们的 PayPal 账户；倘若商家或收款方尚未注册 PayPal 账户，那么网站将会发送电子邮件提醒并帮助他们注册 PayPal 账户。因此，人们将 PayPal 的这种推广模式视为一种“邮件病毒式”的商业发展策略，这有利于增加 PayPal 在市场中的竞争力。

PayPal 是目前小额支付的首选。PayPal 在线付款方便快捷，还可以解除买家付款收不到货的担忧，国外买家使用率达 80%以上。其买家在欧美地区覆盖广，只需要一个邮箱便能注册，开户免费。其作为一个第三方工具，像支付宝一样，PayPal 买家有什么问题可以向 PayPal 投诉。

跟其他支付手段相比较，PayPal 的优点如下。第一，资金安全；第二，快速，基本上跟国内支付宝一样，买家付款后，立刻显示 PayPal 余额；第三，方便，可以使用各种工具管理交易提高效率；第四，支持全球多个国家和多种货币使用，是小额跨境贸易工具中主流的付款方式。

关于 PayPal 还有一个问题需要大家注意，就是 PayPal 和贝宝的区别，其实类似于支付宝的国内版和国际版，PayPal 国际站允许向多个国家和地区发送和接受付款。贝宝是它的中国版，只能向中国用户发送和接受付款。

（五）国际支付宝

1. 国际支付宝介绍

国际支付宝是为国际在线交易中的商家和消费者提供交易安全的第三方支付担保服务平台。国际支付宝提供的服务与我国的支付宝相似。在交易过程中，首先，消费者把钱款转入国际支付宝的账户；其次，国际支付宝会提醒商家发送货物，消费者在收到货物后进行确认；最后，国际支付宝把钱款转给商家，这样便达成了一次网络交易。

2. 国际支付宝账号申请

若商家注册过国内支付宝账户，那么就没有必要再额外注册国际支付宝账户。如果商家曾经注册过全球速卖通账户，那么他们就能直接登录“我的速买通”后台来查询收款的相关事宜，并与国内支付宝账户绑定。如果商家从未使用过国内支付宝，那么他们可以先访问支付宝的官方网站，注册支付宝账户，然后进行绑定操作。

一旦商家注册了国内支付宝账户，他们就可以通过支付宝账户来收款。根据当天支付的汇率，国际支付宝会将美元转换为人民币，并进一步支付给商家在国内的支付宝或银行账户。

3. 国际支付宝账户使用

国际支付宝账户是支付宝特地为国内进行跨境交易的商家设计的资金账户管理工具，它囊括了交易过程中的主要功能，如收款和提款等。国际支付宝账户有美元账户和人民币账户。在现阶段，只有全球速卖通和阿里巴巴国际站的会员才能使用。

支付宝系统启用后，提现功能发生了变化。使用者现在可以按照自己的需求，全额或部分提现账户中的可提现金额，这大幅度减少了提现的费用。

4. 国际支付宝与国内支付宝的区别

阿里巴巴国际站与国内支付宝合作共同推出了国际支付宝的第三方担保服务。全球速卖通仅仅是把国内支付宝在消费者端更名为了国际支付宝。有数据显示，消费者更信任第三方托管（Escrow）这个词，他们相信 Escrow 能够确保交易的安全。在商家端，全球速卖通仍然使用的是国际支付宝这个词，只是把国际支付宝的英文名称改为了 Escrow。

在使用过程中，如果销售方注册过国内支付宝账户，那么就没有必要再额外注册国际支付宝账户。当销售方进入“我的速买通”后台时，就可以通过国内支付宝账户来收取钱款。

四、跨境数字支付的发展前景

2015 年 6 月，我国国务院常务会议决定将消费金融公司试点扩至全国，部署促进跨境电商健康快速发展。伴随着我国政府对跨境电商的种种支持和我国消费者对跨境网购的青睐，跨境支付和结算将迅猛发展。

（一）第三方跨境支付市场将快速扩大

由于跨境电子商务不断发展，跨境支付成了支付行业的核心要素，这也推动了跨境支付市场的发展。以前，因为受现实条件的限制，当提及跨境支付业务时，第三方支付公司主要使用美元进行结算，然后使用者再通过其他途径将货款转移至国内。现阶段，第三方支付公司可以直接在国内为使用者办理结汇业务。跨境支付的发展为我国的第三方支付业务提供了一系列服务，如留学教育、航空票务和酒店住宿等，这极大地促进了国内支付公司的发展，为支付公司提供了更多的发展机遇，提升了支付的效率。

（二）一站式跨境支付综合服务将深受零售电商青睐

为了满足跨境电商，特别是跨境模式的强烈要求，PayPal 提供了一站式跨境支付综合服务。在欧美市场，PayPal 不仅专注于互联网支付和线下支付这些核心业务，还为消费者带来了方便且安全的支付选项。此外，PayPal 还为用户提供了非常多的扩展服务，如提供咨询服务、代收代付服务等。PayPal 利用易贝在电商领域的丰富资源，为电子商务行业和传统行业电商化提供了个性化的解决策略，涵盖了在线支付、线下支付和信用支付等多种支付方式。未来，PayPal 还计划开展数据服务和信贷金融服务。

考虑到我国跨境电商零售行业所遇到的各种问题，我国的跨境支付机构计划在国家政策的支持下，进一步加强与电子商务平台的合作。跨境支付机构将会监管从网店商品展示、贸易配对，到在线合同签署、电子文件编制、资金管理，以及最终的支付、通关交付和出口退税等全部交易流程。跨境支付机构致力于为跨境电商企业提供全方位的一站式解决方案，以实现电子化的交易流程，进而缩短交易所需时间并提升结算效率。上海自贸区的跨境通平台就是一个典型代表，该平台集成了电子数据交换、电子数据申报、数据控制管理、物流管理以及通关状态信息查询等多项功能，从而形成了包括网上支付、便携式终端支付和电子钱包支付在内的多种跨境支付和结算选项。

第三节　贸易融资与供应链金融

一、贸易融资数字化

贸易融资是银行和金融机构提供的，用于帮助企业管理其国际支付和相关风险以及营运资金，从而促进商品和服务流动的金融服务和工具[①]，主要用来应对与

① 戴龙．数字贸易法通论[M]．北京：中国政法大学出版社，2022．

金融有关的贸易风险，包括风险覆盖工具（跟单业务，如信用证和保险）、买方主导的融资和流动性解决方案（如供应链融资、动态贴现）和跨境卖方融资（如发票贴现、保理、装运前融资）。对于国际贸易而言，贸易融资极其重要，它是跨境贸易四大交易流程之一，有助于企业更加顺利地开展国际贸易。在数字化经济背景下，如何实现数字化的模式升级是贸易融资发展急需解决的问题。贸易融资数字化并非简单的数字技术应用问题，而是贸易单证数字化和贸易融资平台、系统数字化等各环节、全流程的数字化。根据单证类型，贸易融资单证数字化可以分为两类，即发票、订单等普通单证的数字化；可转让票据、提单等可转让单证的数字化。贸易融资数字化并非易事，其参与者多、单证多、流程复杂，加剧了数字化的难度，需要有计划地逐步实现。贸易融资数字化有助于简化流程，将部分纸质流程转移到网上进行，优化贸易融资的申请与提供方式，有助于更灵活地组合贸易融资工具，有助于贸易双方信息交流，解决信息不对称问题，有助于填补贸易融资缺口。在贸易融资业务中，企业和银行的商业模式和战略制定都受到了数字化的影响。在贸易增长放缓的时代，数字化的宏观经济效益也值得关注。

（一）实现贸易融资数字化的必要性

贸易融资数字化是满足进出口客户需求的要求，这一需求是促使贸易融资数字化的一个核心动力，其包括但不限于：提升业务效率，降低运营成本；加快资金、货物流转；增加业务规模、收益。

贸易融资数字化是满足银行需求的要求。其需求主要有提升运营效率，降低成本；提升竞争力，避免操作风险；提升服务质量，增强市场营销；赢得客户满意，增加收益。

贸易融资数字化是满足外围第三方平台系统需求的要求。其需求主要有增强影响力；增加用户与业务种类；增加收益。

此外，还有很多其他企业需要实现贸易融资数字化，如运输、保险、检验检疫机构和供应链服务公司关于降低成本、提升业务效率、扩大市场份额、增加收益方面的需要；海关加快关税安全归集的需要；外汇管理对于提升国家宏观国际收支调控能力、为进出口提供更有力支持的需要。

（二）贸易融资数字化的基本业务流程

由于业务种类与参与者众多，无法一一对贸易融资数字化的所有业务流程进行分析，但是不同业务流程之间有很多的共通点，因此，应以进出口信用证电子化及贸易融资的全流程为例进行论述，也就是分析从客户申请开立银行账户到完成所有业务的数字化流程。

1. 客户申请开立银行账户

目前贸易融资中普遍使用 Bolero 电子提单系统，银行和客户都要先申请成为 Bolero 系统会员，才能使用系统。客户可以借助 Bolero 系统向银行申请开立账户，即提交开户申请资料，银行则借助 Bolero 系统接收资料，在银行核心系统中录入相关信息并进行核准（人民银行核准颁发开户许可证，客户在开户行预留电子印鉴等），之后客户就能在这一银行办理业务。

2. 客户申请信用评级及公司授信

客户可以借助 Bolero 系统申请信用评级及公司授信，即将相关申请和资料提交给开户行。开户行收到后，在银行评级系统及公司客户授信管理系统中录入相关信息，由银行内部系统进行信用评级及公司授信评定工作。

3. 电子信用证基本操作步骤

（1）电子信用证的申请、开立

在国际贸易中，交易双方需以签订合同的形式达成交易，若合同中有条款规定付款方式为电子信用证，客户就需要申请、开立电子信用证。首先，要利用计算机自行制作开证申请书，或者直接使用开证行官方网站中提供的通用格式，并通过 Bolero 系统将申请书发给开证行。其次，开证行会基于授信额度管理系统中客户核定的授信额度，直接在集中化系统中生成电子信用证。

（2）电子信用证的通知

开证行需提前对客户的授信额度进行核实，才能在内部作业系统上将电子信用证发送给客户，或者发送给客户所在地往来行，通知其转发给客户，被通知的往来行需先核对印鉴，确认没有问题后，再在 Bolero 系统上将电子信用证发送给客户。

（3）电子化制单、交单和融资

出口企业的企业资源计划（ERP）系统会对电子信用证进行自动审核，审核通过后，出口企业会借助 Bolero 系统将其发送给有关机构，如海关、商检、运输、保险机构，要求它们按照电子信用证与货物实情出具一系列电子单据，包括提单、保险单、原产地证明、检验证明等。出口企业需根据电子信用证进行货物发运，并准备一系列自制单据，包括电子汇票、电子发票、电子装箱单等，将之与之前收到的一系列电子单据借助 Bolero 系统提交给交单行（议付行），由其转发给开证行或指定的付款行。此外，出口企业还可以借助 Bolero 系统将融资申请提交给交单行，当其通过申请后就能够得到融资。开证行收到出口企业提交的单据后，可将之录入本行的集中化系统处进行核对，确认没有问题后，利用国际资金清算系统（SWIFT）向议付行付款；借助 Bolero 系统向进口企业发出通知，要求其付款赎单；进口企业收到通知后利用网银系统向出口企业直接付款，或者利用 Bolero 系统在开证行办理融资进行付款；开证行借助 Bolero 系统将电子单据发送给出进口企业，进口企业借助 Bolero 系统将其转发给承运企业领取货物。

4. 电子外汇收支申报、义务性报告、反洗钱和报关

电子外汇收支申报、义务性报告、反洗钱和报关能够经由 Bolero 系统与银行系统对接，所以，客户准备好相关资料之后，可以直接在电脑上办理电子外汇收支申报、义务性报告、反洗钱和报关，对于这类业务办理过程中存在的电子单据签发、背书及转让问题主要采取电子数据加签及批注方式来处理，使得这些业务的办理非常便捷和快速。不可忽视的一点在于，目前部分银行还没有实现单据电子化，所以很多时候客户不仅要提交电子单据，还要同时提交纸质单据，所以，银行要积极推进贸易融资系统单据电子化，从而兼容优质化单证业务。

（三）实现贸易融资数字化的意义

1. 帮助融资主办银行发展

首先，银行基于 Bolero 等管理系统平台处理贸易融资相关业务，可以避免部分欺诈风险，提升交易的安全性。第一，借助 Bolero 管理系统平台有助于业务无纸化办理，减少纸上贸易；提升贸易效率，降低交易成本；减少贸易障碍，避免欺诈。相关文件的发布施行也对电子交单和审单进行了规范和指导。第二，银行可以借助贸易服务设施（TSU）系统的集中化数据处理和工作流引擎，对贸易项下的交易信息进行审核并实现共享，实现业务流程外包（BPO）。BPO 属于一项新业务，集合了汇款、托收和信用证的部分优势，在未来几年很可能会取代信用证的地位。银行使用 TSU 系统能够获得如下好处：首先，银行能够借助 TSU 系统对贸易的真实性进行审查、确认，避免欺诈，从而更好地控制风险；其次，能够更好地按照贸易的实际情况调节和解决贸易纠纷，加强对客户贸易流程的控制；最后，能够提升单据电子化程度，提升业务效率，拓展贸易融资产品。

其次，贸易融资数字化拓展了银行国际结算中心也就是单证中心的职能，它既进行后台操作，又进行技术服务营销，可以更加充分地发挥自身专业优势，也就是可以更好地实现银行直销式服务。

再次，贸易融资数字化有助于提升银行的竞争能力。相比传统的金融产品，信息化管理系统平台技术含量高，更难以被同行快速复制，可以更好地为客户提供特色贸易融资服务产品，更具竞争力。

最后，贸易融资数字化有助于银行提升业务效率，降低时间、人力和物力成本，获得更大的收益。

2. 使客户更安全地完成融资

贸易融资数字化有助于客户随时随地借助网络办理贸易融资业务，不必专门到银行柜台办理，节约了成本，避免了纸上业务流程的复杂与不便，提升了业务效率。以往，贸易融资业务均在银行集中办理，要求客户专门花时间和精力到银行柜台，尤其是出口信用证交单，这往往是客户急需办理的业务，然而这一单证的流程长、程序多，需要花费较多的时间，客户难以得到银行的直接指导，使得银行流失部分出口结算业务。贸易融资数字化后，银行将纸上业务转移至在线管理系统，客户能够借助系统直接办理业务，并且能够随时随地在系统上询问银行业务员该如何办理业务，获得及时指导，这不仅能够快速办完业务，还能够获得良好的服务体验，这也有助于银行高质量地完成出口结算业务和海外业务上收工作。进出口商则能够借助相关的系统及时了解、实时跟踪贸易货物合同、结算资金、货物所有权的转移过程，这有助于降低诸多风险，提升贸易融资业务办理的自动化和无纸化程度，帮助客户更安全地完成融资。部分银行在贸易融资的在线管理系统中还增加了外延服务选择项，能够使客户享受外汇资金保值增值交易、贸易融资组合产品和银行直销式服务等外延服务，在系统中一站式办理业务，获得便利。

3. 促进贸易便利化

贸易融资数字化能够促进贸易便利化，推动新贸易融资模式的形成，有力地支持企业和银行等金融机构更好发展。以往，贸易融资中要产生和使用商业汇票和提单等大量的纸质文件，而贸易融资数字化后，业务办理的无纸化程度提升，这些纸质文件被电子票据、电子单证、数字化文件等取代，业务流程简化，贸易融资效率得到了显著提升。区块链作为贸易融资数字化中的重要技术，通过去中心化、安全的交易记录有效地避免了很多欺诈风险，提升了贸易融资的安全性，使得融资双方对彼此的信任度提升。这一技术的应用有效地简化了贸易的整体融资流程，提升了交易结算的速度。同时，区块链之外的数字技术，如人工智能和大数据技术等已经在贸易融资中得到了广泛应用，有助于提升贸易融资风险评估的精准性，提升金融机构决策的科学性和正确性，实现了对海量数据的快速分析，提升了信用评估和风险预测的精准性。由此可见，贸易融资数字化能够重新塑造贸易融资的整体流程，显著地提高贸易效率，降低贸易成本，提升贸易安全性。此外，贸易融资数字化减少了对纸张的使用，通过网络完成融资业务，在带来便利的同时，还具有显著的环境保护意义，可以有效降低二氧化碳排放，有效提升供应链的透明度和可追溯性，便于政府监测和核查全球贸易和供应链环境标准。

4. 降低信息不对称

贸易融资数字化不仅仅关系到贸易融资相关主体的更好发展，还能够促进全球贸易的发展，是一个巨大的变革。显然，贸易融资数字化能够降低信息不对称，创造更加公平、有序、和谐的贸易环境，同时有助于解决贸易融资以及相关贸易效率低、难以监管等问题。以往的贸易融资中，普遍存在信息不对称现象，企业与银行等金融机构难以实现平衡、畅通、充分的信息交流，因而使得企业很容易面临不公平的交易条件，并且使得银行等金融企业难以准确评估企业信用。将贸易融资与数字技术充分融合能够重新塑造贸易融资的整个过程，降低信息不对称。数字技术如区块链等能够有效提升业务流程的透明度，并且有助于追溯整个融资过程。企业和金融机构能够借助电子贸易文件和自动化流程随时随地地查看交易的过往记录和当下状态，掌握交易各个环节的信息。这就能够在很大程度上解决信息滞后问题，降低信息不对称，有助于提升交易风险评估和信用评估的科学性和精准性。

贸易融资数字化能够使金融机构借助数字技术准确验证企业身份，更加全面和精准地评估企业的财务能力。应用区块链技术能够使交易记录更加透明，确保任何人不可篡改交易记录，从而提升交易记录的可信度，由此金融机构能够更为高效、准确地对企业的交易历史和财务状况进行核实。金融机构可以应用人工智能和大数据技术对企业的经营情况和信用记录进行深度挖掘，从而获得更加全面和有效的信息支持，提升评估的精准性。这也有助于降低信息不对称，便于金融机构针对性地制订贸易融资方案。贸易融资数字化能够构建数字化的业务流程，实现信息实时共享与精准分析，从而提升贸易环境的公平度和透明度，有助于企业和金融机构对彼此形成全面了解和信任，获得更多合作机会，推动全球贸易发展。数字化越来越成为当今时代的显著特征，贸易融资数字化不断深化发展，将显示出更大的优势，有效促进全球经济的可持续发展。

5. 促进人民币国际化

贸易融资产业的良好发展能够促进货币国际地位的提升，促进人民币的国际化。贸易全球化快速发展，以往形成的国际货币体系也在不断演变，这种演变是比较缓慢的、长期的，而贸易融资对它的影响是持续性的、逐步作用的。纵观美元的国际化历程可以发现其开始于以美元计价的可转让贸易信贷，之后，美元才逐渐成为国际贸易与国际支付中使用的主要货币之一。所以，促进人民币的国际化就要使之成为贸易信贷计价货币，也就是要使人民币为国际贸易提供更多的流动性支持。国际贸易的货币选择密切关联于金融市场的深度，贸易融资可得性越高就越能够促进货币的国际化，从而促进新的多极化国际货币体系的形成。由此观之，贸易融资数字化能够有效促进人民币国际化。贸易数字化将数字技术与贸易融资有机结合，能够使得人民币更加便捷地用于各种各样的国际贸易场景，并且使得更多的国际贸易企业、银行在更广泛的国际市场领域中以人民币为计价货币开展贸易融资活动。此外，贸易数字化有助于提升国际贸易交易效率、国际贸易流程的透明度，并且为相关企业提供了更加便捷高效的跨境支付方式，由此可以使得人民币在国际贸易与金融方面发挥更加重要的作用，成为更加重要的角色。

2017—2022 年贸易融资主要计价货币份额的月度数据，如图 4-3-1 所示。如今美元是国际货币体系的主体，因而，从我国和其他国家的角度看，融资贸易实际上就是一种短期的美元外债。有债务自然就会产生利息，从 2022 年开始，美国联邦储备委员会已经提高利息多次，与此同时，中国人民银行将基准贷款利率调低，所以，利用美元进行贸易融资的成本提升了，而利用人民币融资的成本下降了，越来越多的国际贸易企业倾向于利用人民币融资。2023 年 6 月，人民币在跨境贸易融资中占比 4.2%[①]。尽管人民币所占的份额仍旧比较小，但是有明显的上升趋势，相较之下，欧元则为下降趋势，日元长期保持较低水平，尤其 2021 年以来，人民币与日元份额的差距逐渐加大，而与欧元份额的差距逐渐减少。2023 年底，人民币份额首次超过欧元，成为全球第二大贸易融资货币，人民币会保持这一地位，并且其份额仍会不断提升。

① 李锐．央行数字货币的金融脱媒效应及其影响研究 [D]．北京：中国社会科学院研究生院，2023．

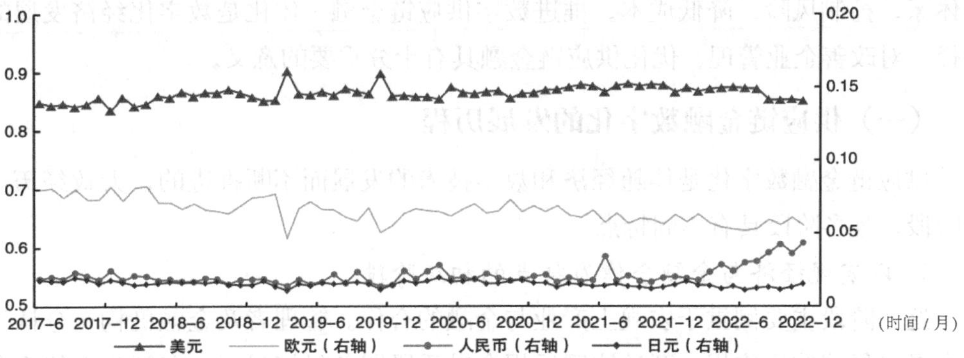

图 4-3-1　2017—2022 年贸易融资主要计价货币份额的月度数据

6. 弱化外部冲击

基于上述分析可知，贸易融资具有货币国际化功能，其作为国际贸易四大流程之一以及重要融资工具，和目前的国际货币体系一样，以美元为主导，所以，贸易融资的规模不可避免地会因为美国货币政策的变化而变化，并且会影响美国货币政策的国际溢出效应。换言之，它能够强化或弱化美国货币政策对其他国家的冲击，而具体是强化还是弱化则要看各个国家的价格黏性和贸易融资依赖性。郑志强等学者在关于贸易融资数字化的研究中，构建了模型，对贸易融资应对美国货币政策溢出效应的机理进行了深入分析，并进行了实证检验，得出结论：美元主导贸易融资的引入会增强美国货币政策的贸易渠道和金融渠道的作用效果[①]。此外，他们将融资贸易引入当地货币定价（LCP）模型，构建了两国动态随机一般均衡（DSGE）模型，对出口货币融资、进口货币融资和主导货币融资影响美国货币政策国际溢出效应的机理进行探究，同样发现美元贸易融资会强化美国货币政策的溢出效应[②]。由此观之，贸易融资数字化能够弱化美国货币政策给中国经济带来的外部冲击。

二、供应链金融数字化

供应链金融数字化是指通过应用大数据、区块链、人工智能等最新的数字信息工具嵌入供应链金融过程中，以进一步优化供应链金融发展管理模式，创新产

① 郑志强，原雪梅．贸易融资数字化：发展、影响及政策建议 [J]. 国际金融，2023（12）：39–47.

② 郑志强，原雪梅．贸易融资数字化：发展、影响及政策建议 [J]. 国际金融，2023（12）：39–47.

品体系，控制风险、降低成本。推进数字供应链金融一体化是数字化经济发展的选择，对改善企业管理、优化供应链金融具有十分重要的意义。

（一）供应链金融数字化的发展历程

供应链金融数字化是伴随经济和数字技术的发展而不断推进的，大致经历三个阶段，且各阶段具有不同特点。

1．以宏观经济与金融合作为特点的初级阶段

这一阶段主要侧重于宏观上产业与金融的合作。管理者及金融机构充分认识到金融对经济的反作用，开始注重运用金融手段服务经济目标。在策略上偏重金融服务宏观经济，侧重于金融杠杆的加持和金融工具、货币政策工具的应用，而对供应链金融如何具体地支持实体经济的研究并不多，出台的政策也很少，主观上还没有强烈发展供应链金融的意识。

2．以供应链经济与供应链金融合作为特点的中级阶段

这一阶段已经开始重视供应链、价值链、产业链发展对整体经济发展的重要意义。商业银行积极开展供应链金融产品的开发、创新，但此时的合作仍然处于一种自愿相加的状态，金融机构与服务对象的黏合度较低，供应链金融仍是经验管理、手工操作，风险相对较大，特别是确权、担保等问题导致供应链金融的融资仍然以参与企业个体信用情况为基础，链条脆弱易断，抗压力及韧性不足。

3．以企业数字化与数字供应链金融深度合作为特点的高级阶段

数字技术在企业和商业银行供应链金融中广泛使用，双方均将对方的需求作为自己的使命与任务，通过数字技术平台化，将商业银行的供应链金融业务供给与企业的供应链金融业务需求在一个平台中完成。数字供应链金融的技术综合应用水平很高，不仅仅满足资金结算等最基本的金融服务需求，还通过元宇宙提供场景化、沉浸式消费，风险管理数字化即不再以抵押、担保等形式完成融资交易，而是将数字资产、信息、品牌、趋势或未来现金流作为信用担保，用数字化信息解决供应链金融中的发展问题。此外，数字供应链金融的应用与发展可以促进企业数字化水平的提高及服务、管理的全面升级。

（二）供应链金融数字化的新特点

供应链金融数字化实质上是“数字技术＋供应链金融”，因此，从字面上理解为通过数字技术在供应链金融中的全面应用，从而改变传统供应链金融的运行模式，具有数字化的新特点：

1. 数字技术成为供应链金融的基因

大数据、区块链、人工智能、物联网及元宇宙将嵌入供应链金融中，通过大数据可以实现链上所有企业的信息透明；通过区块链可以实现链上参与主体的信息共享、保真、可溯源、去中心化、不可篡改等；通过人工智能可以进行自动化管理；物联网则可以强化供应产品、服务等。目前这些技术处于行业前沿，因此，供应链金融高度应用数字技术，数字化成为供应链金融的核心特征。

2. 银行、企业共处于一个生态圈

基于供应链金融平台建设，将商业银行、企业及供应链上的相关方整合在一个平台上，突破了时间与空间的限制，于是，商业银行和供应链上的各参与主体共处于一个场景生态圈中，形成一个整体概念。由于有基础的底层技术做支撑，不是碎片化的数字技术应用，链上的各个主体有很强的协调能力，专业化分工明确，通过技术融合推动供应链金融主体间的深度融合。

3. 数字信息构成授信基础条件

传统的供应链金融体系以核心企业与上下游企业供需交易为链接，商业银行根据链上核心企业经营情况给予信贷、结算等服务，整个供应链以核心企业信用做背书，但事实上核心企业往往不愿意提供信用背书。数字供应链金融的核心是充分应用数字技术，实现对整个供应链的全流程管理和控制，对链上各种风险有充分的评估及相应的管控措施，因此，商业银行对供应链上企业的授信不再是根据核心企业情况，而是根据链上各个参与者的各种数据信息决定是否授信或提供相应的金融服务，商业银行与企业间的合作基础发生了根本变化，解决了传统供应链金融的确权难问题，便于供应链做大做强。

4. 生态场景成为交易最重要场所

商业银行开放的接口或提供的场景一般有自身建设或机构专业化建设两类。在生态圈中，企业有较大的自主选择权，自由选择加入或离开生态圈，但并不影响整个供应链生态的正常运行。就场景建设而言，其越来越专业化，并且可以引进元宇宙理念，构建虚实结合的金融生态，为客户提供高质量的服务环境，使客户交易方便快捷。

（三）供应链金融数字化的技术架构

1. 打造商业银行供应链金融平台

目前各家商业银行一般都基于本行的核心系统建立了供应链金融平台。由于各行的供应链客户、管理目标不完全一致，因此，各行供应链金融平台的产品、职能、技术应用有所差别，但是供应链金融平台的基本功能均大同小异。基本功能包括供应链上下游企业的基本信息、结算、融资等，其所提供的产品主要有债权融资、动产抵押、仓单质押、应收账款质押、租赁保理、商票融资以及结算、咨询等（图 4-3-2）。

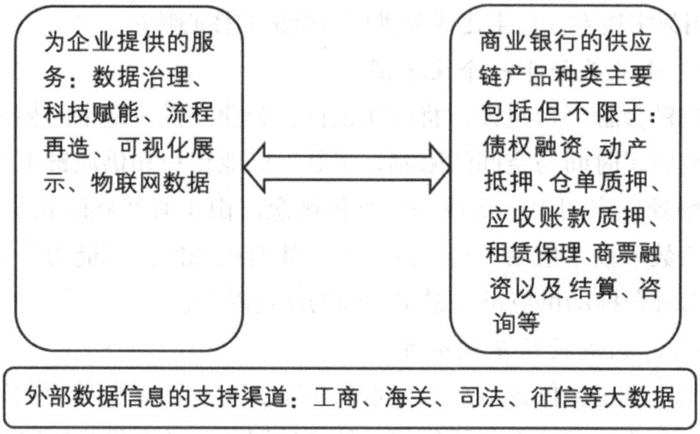

图 4-3-2　供应链金融产品架构

供应链金融平台架构行际之间也有所不同，但是其架构一般包括三大部分（图 4-3-3）。

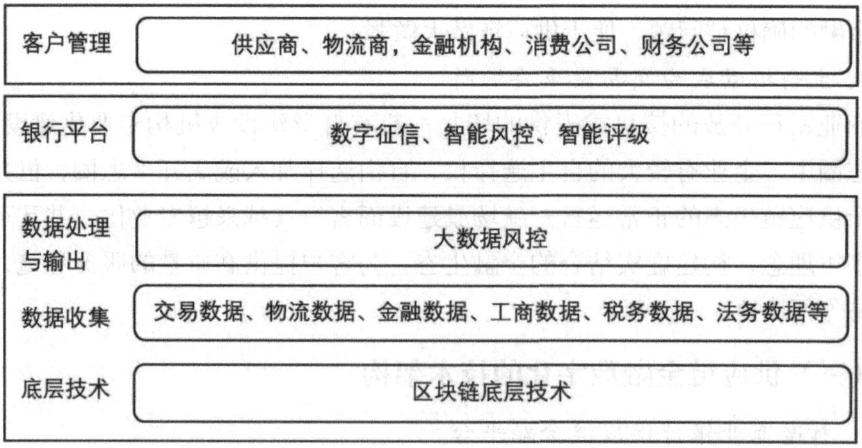

图 4-3-3　供应链金融平台架构

2. 构建商业银行场景金融生态系统

在无场景不金融的背景下，商业银行已经将场景金融作为当前开拓市场、锁定客户、销售产品最主要的路径。伴随着商业银行间将场景金融作为竞争利器，场景金融的生态将由场景金融 1.0 银行营业厅→场景金融 2.0 银行自动取款机→场景金融 3.0 手机银行→场景金融 4.0 开放银行，变得越来越完善。商业银行可以通过开放若干接口，由商业银行或专业机构建设若干模块的场景，客户可以在特定的场景中完成消费、结算、金融产品交易等。

3. 推进企业数字化

企业是商业银行供应链金融生态中的主体之一，供应链金融数字化水平越高，管理能力就越强，这除了取决于商业银行的数字化水平，还取决于链上企业的数字化程度，没有企业数字化就没有供应链金融数字化，在供应链金融发展体系中两者同样重要。因此，要将企业数字化建设作为推进供应链金融数字化的重要抓手，保持企业数字化水平与商业银行的数字化程度相匹配。目前，企业间的数字化水平参差不齐，从企业数字化来看一般要经过三个阶段（图 4-3-4），大中型企业数字化水平已经进入数字化推进期，而大量小微企业的数字化水平仍处于数字化初试期。企业的数字化架构主要包括基础技术平台、数据中台和企业的应用层，将供应链上企业全部接入场景生态体系当中，企业的数字化水平宜达到数字化成熟期。

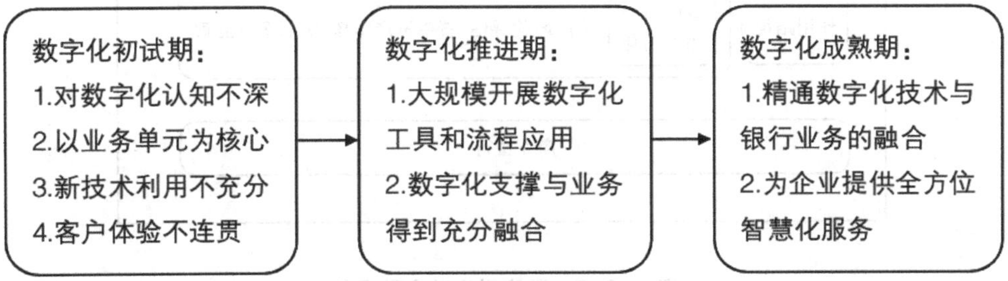

图 4-3-4　企业数字化的三个阶段

推进企业数字化一是各企业要高度重视企业数字化建设，将企业数字化建设作为转型升级、增强核心竞争力的主要手段，将企业数字化列入中长期发展战略规划；二是要加大企业数字化的投入，保证足够的财务、人才等资源的配置；三是要本着先急后缓的原则推进企业数字化有序进行，当务之急是要积极配合金融机构关于供应链金融方面数字化模块的开发与应用；四是要加强与专业金融科技公司合作，根据本企业的特点选择合适的数字化转型模式；五是要正确处理好数字化建设与主业发展的关系，不能为数字化而数字化，要通过数字化建设实现主业发展与数字化提升互相赋能；六是要切实防范企业数字化过程中的各类风险，实现数字化水平持续提升，以保持供应链上各参与主体，特别是商业银行和企业的数字化水平基本同步，从而提升供应链金融数字运行效率。

4. 完善基于区块链为底层技术基础的供应链金融数字化系统

供应链金融数字化是以区块链为底层技术架构，包括商业银行和供应链上所有的参与者，在打通企业数字化平台与商业银行供应链金融平台通道后，以供应链金融场景为交易场所，打造数字供应链金融平台（图 4-3-5）。

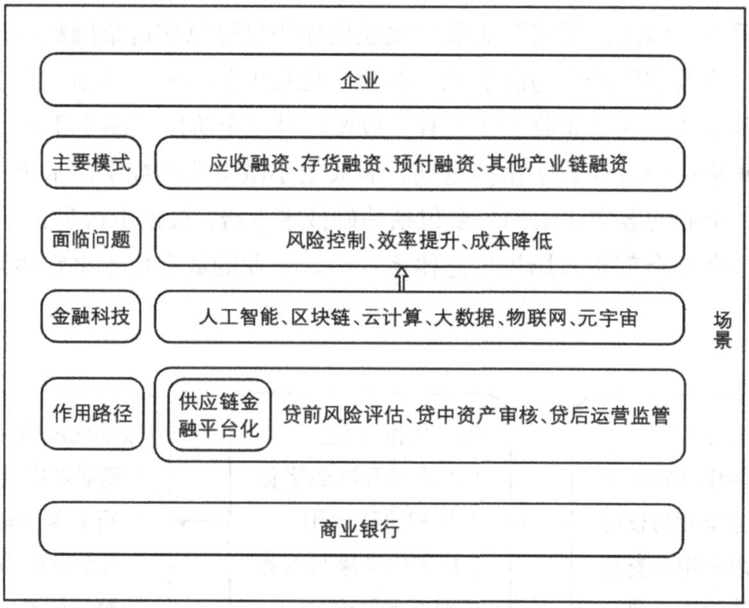

图 4-3-5　数字供应链金融平台

企业数字化平台与商业银行供应链金融平台互相开放、打通，商业银行可以根据供应链金融运行平台上的数据信息，提供给企业若干金融（如授信、结算等）服务，银企之间的关系基于数据信息，以区块链为底层技术的平台，通过技术手段将供应链上的参与者紧紧锁定在一个经营场景中，便于商业银行与企业间以技术手段为基础构建长期、有效的合作关系。

（四）供应链金融数字化的技术应用

供应链金融数字化在技术上具有极大的优势，主导着供应链金融的发展方向与趋势，其将数字技术与供应链金融的整体过程融合，革新了供应链金融管理模式与风控方法，更加有效率，服务质量也更高。供应链金融数字化技术运行原理是从技术角度对供应链金融进行诠释，指各类数字技术在供应链金融整个交易过程中的分工及作用，只有借助这一技术才能够实现供应链金融数字化，从根本上与传统供应链金融区分开来。

1. 区块链技术在供应链金融数字化中的应用

区块链技术用分布式记账方法，将供应链金融上发生的各种信息记录下来并打上时间的印记，区块链技术具有信息共享、去中心化、可溯源、不可篡改、智能合约等多项功能，在供应链金融中区块链技术是连通商业银行、企业和有关单位的基础性技术，供应链金融数字化是以区块链技术为底座、基础，所有的业务及技术都是建立在区块链技术基础及与之融合的应用上。一是可以实现商业银行、企业及有关部门对供应链金融运行情况进行实时了解，根据授权，供应链金融上的运行主体可以进入系统实时了解授权内的信息，且信源统一、真实；二是在供应链金融上人人都是参与者，个个都是管理者，相互间是以事先约定的供应链金融规则运行，各主体间是一种平等、合作的关系；三是供应链金融上的信息真实、可溯源，特别对于供应链上的票据流转、反票据欺诈，区块链技术最为有效，因为在供应链金融上只要一发生业务，所有参与主体信息尽知；四是智能合约的功能利于供应链金融秩序有效运行。供应链金融上各个主体必须按事先约定的供应链金融规则运行，系统会充当规则执行的监督者和执行者，供应链金融主体按照规则运行，系统会支持继续进行，一旦违反规则，系统会自动执行有关处罚措施，从而有利于培育供应链金融各主体的契约精神。

2. 大数据在供应链金融数字化中的应用

大数据通过海量数据的收集、清洗、整理，对客观世界进行画像，为决策者提供及时有效的数据管理信息。大数据在供应链金融中的应用：一是锁定目标客户。供应链目前多而复杂，并不是所有的供应链客户商业银行都会选择，而是基于各商业银行的条件与市场定位，选择符合全行业发展战略的供应链。大数据可以根据商业银行对供应链客户提出的目标需求，从市场各类信息中收集、整理出商业银行需要的或符合商业银行条件的供应链，从而进行有针对性的营销，也可以借助于人工智能等手段进行线上营销，在此基础上再进行自然人营销，可大幅度提升获客效率。二是实时提供客户信息。供应链金融业务发生后，运用大数据系统可以将供应链上企业的运行状况及其他情况实时地反映出来，出现的敏感信息可以及时传导给决策或管理者。三是为决策者提供数据依据。供应链金融管理涉及链条长、节点多，决策事项也较多，大量的基础工作可以交由数字机器人按流程处理，而自然人的决策往往需要大数据提供的分析结果，大数据可以进行一些辅助决策，以进一步提升决策的精准性。

3. 人工智能在供应链金融数字化中的应用

人工智能主要通过算法等技术模仿人的行为和思维而实现智慧化运行，由于人工智能依靠计算机系统运行，具有算量大、计算快、效率高、差错少等优势，在优化企业流程、提升管理效率中人工智能发挥着重要作用。人工智能在供应链金融中的应用：一是符合供应链金融管理要求高的特点。供应链金融管理需链链相扣，不能脱节，这就要有完善的供应链金融方案，人工智能可以根据商业银行服务客户的情况，提供供应链金融的优化方案。二是可以计算出供应链中各类管理信息，并且实时且精准。三是对供应链金融运行中可能存在的问题或潜在风险能主动处置或报警，对流程式的供应链金融工作，人工智能可以替代自然人操作，从而提升供应链金融运行效率。四是人工智能可以优化商业银行供应链金融中的程序，在自然人世界，供应链金融工作往往是线型或程序化工作，不仅流程长时间也长，而人工智能可以实现供应链金融中的各项工作并联运行，供应链金融呈网状，效率大幅度提升，运行的时间大幅度缩短。

4. 物联网技术在供应链金融数字化中的应用

物联网技术主要通过遥感、视频等工具对供应链金融上物的形态进行全流程、全方位的监控，实现人与物、物与物的相连互通，是资金流、信息流和物流的三流合一管理。物联网技术在供应链金融中的应用：一是有效控制供应链金融链上物的风险，对供应链上的质押贷款标的物或贷款的物质形态进行监管。商业银行通过物联网随时可以了解物的形态，防止物的灭失等风险。可以对管理的物设置预警指标，物的移动一旦触及警戒线就立即报警，从而及时启动风险处置预案，使物始终处于安全界内。二是可以创新供应链金融产品，对供应链上企业过去一些不能作为抵押物的资产，在物联网技术的支持下，转化为信用资产，即可以作为信贷抵押物，拓展了供应链金融的产品种类空间。

5. 云计算在供应链金融数字化中的应用

云计算实质上是数据存储的一种方式，由于存储数据信息量巨大，同时在云上可以突破各个模块的单元限制，打通数据间的壁垒。云计算在供应链金融上的应用：一是可以最大限度地存储与供应链金融相关的各类数据信息，正是因为信息的充分性，从而为商业银行在进行供应链金融决策时增强了决策的科学性；二是打通了商业银行与企业及其他供应链金融主体之间的数据通道，商业银行可以充分利用云计算了解供应链上各个节点企业的实时情况，让数据在供应链系统中快速流动起来；三是为供应链金融决策提供科学的依据，云计算系统具有自我学习的功能，可以根据商业银行管理要求，提供实时的数据信息及衍生出管理需要的信息。

6. 元宇宙在供应链金融数字化中的应用

元宇宙是一种理念和思路，它以区块链、人工智能等技术的应用构建与现实世界平行的虚拟世界，可以实现自然人与虚拟人一起完成目标任务。元宇宙在供应链金融中的应用：一是可以丰富供应链金融的场景，实现虚实结合，商业银行和企业的客户既可以在现实世界完成金融交易，又可以在虚拟世界完成有关业务，客户感受到一种沉浸式的消费；二是元宇宙的数字机器人可以替代自然人在供应链金融业务中的有关工作，特别是高复率、高数量计算类的工作，并可以全天候工作，完成自然人无法完成的工作；三是可以对供应链金融中各种场景、风险影响因素、结果及预防方案进行模拟压力测试，出具各种风险和管理方案，使自然人由过去供应链金融风险的被动处理变为风险的事前管理，有效地防范各类供应链金融风险。

当然，不同的数字技术，如5G技术等，在供应链金融数字化中均发挥着不同的作用。在供应链金融数字化中，一种技术往往必须与其他数字技术综合应用，因此，商业银行在布局供应链金融数字化中要提前做好顶层设计和规划，夯实数字化基础，助推供应链金融数字化的有序进行。

第四节 跨境数据流动与数据安全管理

一、跨境数据流动

（一）跨境数据流动的基本情况

1980年，经济合作与发展组织（以下简称OECD）提出跨境数据流动这一概念，之后在1985年通过的《跨境数据流动宣言》，从法律层面上阐释了这一概念的定义，即计算机化的数据或者信息在国际层面的流动[①]。联合国跨国公司中心对此作出的定义：跨越国界对机器可读的数据进行处理、存储和读取等活动。[②]这一定义中的数据指的是能够被识别的个人数据，而数据流动则要超越地理条件的限制，同时进行一系列相关操作，如处理数据、储存数据等。跨境数据流动主要是通过国际贸易活动，如跨境电商等实现的。当下，相比传统的跨国贸易和投资，跨境数据流动创造的经济价值更大，更有力地促进了全球经济的发展，促进了其他各个经济要素的全球化；同时，其独立性作用不断增强，可以明显看到跨境数据流动带来的数据已经成为全球经济发展越来越不可缺少、无法取代的助推力。

如今，我国在不断建立和健全跨境数据流动管理制度。《中华人民共和国网络安全法》第 37 条明确了个人信息和重要数据应当在境内存储，确需向境外提供的应按有关部门制定的办法进行安全评估；法律、行政法规另有规定的，依照其规定。国家互联网信息办公室（以下简称国家网信办）于 2019 年公布了《网络安全审查办法（征求意见稿)》《数据安全管理办法（征求意见稿)》《个人信息出境安全评估办法（征求意见稿)》等法规。这些法规主要明确了数据存储限定是否必须在境内、数据留存的最短时限。2020 年 6 月 28 日，十三届全国人大常委会第二十次会议初次审议的《中华人民共和国数据安全法（草案)》从域外适用效力、数据安全审查制度、数据出口管制、数据对等反制措施和数据跨境调取审批制度等不同角度，初步确立了我国针对跨境数据流动的基本法律框架。

随着科学技术水平的逐步提高和企业国际化战略的逐步深入，中国的科技企业越来越多地走向海外，跨境数据安全的监管和治理引起了广泛关注。《中华人民共和国个人信息保护法》于 2021 年 11 月 1 日生效，此前也颁布了一系列新规。

国家网信办依据《中华人民共和国国家安全法》《中华人民共和国网络安全法》《中华人民共和国数据安全法》等法律法规，会同有关部门修订了《网络安全审查办法》，2021 年 7 月向社会公开征求意见。《网络安全审查办法》第 6 条专门指出，掌握超过 100 万用户个人信息的运营者赴国外上市，必须向网络安全审

① 卢进勇，郜志雄，温丽琴．跨国公司经营与管理[M]．3 版．北京：机械工业出版社，2022.

② 卢进勇，郜志雄，温丽琴．跨国公司经营与管理[M]．3 版．北京：机械工业出版社，2022.

查办公室申报网络安全审查。该办法从采购过程的评估管理、数据处理过程的检视、海外上市等方面全面系统判断是否存在国家安全风险隐患，细化和完善了数据出境评估机制。跨境数据流动安全可以从多个维度加以理解，从数据维度可理解为数据的保密性、完整性、真实性、可用性；从个人数据保护维度可以理解为数据安全、个人数据自觉，以及数据控制相关方相应的法律义务；从国家维度可以理解为国家对数据的控制权，避免数据威胁，保证国家安全。

面对当前复杂的国际形势，国务委员兼外长王毅在2020年9月8日召开的“抓住数字机遇，共谋合作发展”国际研讨会上表示，中国政府严格践行数据安全保护有关原则，没有也不会要求中方企业违反别国法律向中国政府提供境外数据。中方在会上提出《全球数据安全倡议》，这一倡议包括客观理性看待数据安全，致力于维护全球供应链开放、安全和稳定，反对利用信息技术破坏他国关键基础设施或窃取重要数据。该倡议还包括，采取措施防范和制止侵害个人信息的行为，不得滥用信息技术对他国进行大规模监控，或非法采集他国公民个人信息；要求企业尊重当地法律，不得强制要求本国企业将境外产生、获取的数据存储在本国境内。该倡议指出，尊重他国主权、司法管辖权和对数据的管理权，不得直接向企业或个人调取位于他国的数据。

2023年9月，《规范和促进数据跨境流动规定（征求意见稿）》出台。虽然这一文件不是最终规定，但是明确表示了保障国家数据安全、保护个人信息权益、促进数据依法有序流动的目的。根据文件内容，不管何种场景，只要数据没有违反规定并且其中不含有个人信息或重要数据，在出境时就可以不经由安全评估、标准合同，以及个人信息保护认证。可见，这一规定为促进数据的跨境流动提供了较大支持，对其限制较少，体现出中国在积极尝试构建更加完善和健全的与国际标准接轨的跨境数据流动规制体系。

（二）跨境数据流动的价值

跨境数据流动的价值主要体现在促进经济增长、提高创新能力、推动全球化发展和保障用户的数字权利等方面。

1. 促进经济增长

跨境数据流动有助于各类生产要素资源在全球各个国家之间自由充分流动，从而更便于企业对这些要素资源高效利用，同时也有助于发挥数据自身的作用。跨境数据流动能有效地降低交易成本，提升企业的国际竞争力，并且能够提升社会经济总效用，有效促进国家经济增长以及相关企业收益的增长。

2. 提升创新能力

跨境数据流动意味着全球范围内信息和数据的广泛传播与共享，这有助于人们进行更多的创新和创造。当下，很多行业十分重视并且高度依赖跨境数据流动，并对这些数据进行实时分析和深度挖掘，基于此创新自身的供应链模式、运营模式和商业模式。跨境数据流动有助于激发人们的创意以及创意的广泛传播，让世界各地的人都能够通过网络获取和使用各种前沿理论、技术等，由此促进新的业务、企业产生，进而提升国家创新力。

3. 推动全球化发展

在当下数字化经济时代，数据已经成为重要的生产和管理资源，成为企业经营的关键。跨境数据流动能够有力地推动企业进入国际市场，促进其发展。跨境公司和跨境贸易的开展都需要跨境数据流动，企业在数据流动过程中可以对全球范围内的经营和贸易情况进行分析并制定相关的战略，有助于企业的全球化发展，使之进入全球供应链。此外，还能够减少企业在国际贸易业务中的成本，使得公司在国际贸易过程中不会因为体量的大小受到影响。

4. 保障用户的数字权利

借助云计算技术实现的跨境数据流动能够有效地降低数据存储地理位置的限制作用，支持用户按照自身需求对世界各地的云计算服务商进行对比和选择，使之获得更好的服务，从而保障了用户的数字权利。

（三）跨境数据流动的风险

跨境数据流动常常呈现出规模庞大、形式复杂的特点。由此带来的风险也使得各国纷纷实施数据本地化策略。跨境数据流动也已成为国家和地区之间政策博弈中最复杂的领域之一。在跨境数据流动的过程中，存在的风险主要有：

1. 数据安全风险

在数字化经济时代，数据资产成为越来越重要的生产要素。私人数据具有较高的商业利用价值，因而成为各企业的战略资源。目前，对数据保护实施较高标准的国家通常保护其公民的私人数据不流向保护标准低的国家，以避免数据泄露。基于这一点，一些国家提出了“相同保护水平”的要求，力图保障本国数据安全。

2. 行业竞争风险

对于平台企业来说，开发和利用规模大、来源多样的及时性异构数据资源对企业的发展至关重要。与此同时，数据是国家的重要战略资源。研究怎样更好地积累、提炼、处理和控制数据是国民经济发展的重要命题。数字化经济发展滞后的国家，其数据保护力度往往较低，本国数据不断地向外流出，减少了本国企业的发展机会，影响数字产业的发展。这些国家往往会提出数据本地化政策，以保护国内产业的利益。

3. 政府执法风险

数字化经济时代，跨境数据使得大规模数据资源向国外流出，执法机构取证的成本大大增加，有效筛选数据价值的挑战越来越大。简言之，离境数据的侦察成本相对较高。

二、跨境数据安全管理

（一）跨境数据流动限制

1. 各国对跨境数据流动的限制

数字化经济发展的现实已经远远超出规则制定时对互联网发展的预判，伴随大规模跨境数据流动而来的是各国对网络安全的担忧，这种担忧往往以政策法律的形式固化下来。2018 年，《通用数据保护条例》正式生效，其被视作国际跨境数据流动规则制定过程中的里程碑和标志性事件，随即引发国际社会不同程度的立法对标，威胁到数字贸易的自由化进程。各国对跨境数据流动的限制不同，大致可分为两种。

一种是严格禁止数据流出境外。这主要是针对个人信息等数据，如俄罗斯《有关信息、信息技术与信息保护法》要求，信息拥有者、信息系统运营方有义务对俄罗斯联邦公民个人信息进行收集、记录、整理、保存、核对（更新、变动），提取的数据库存放在俄罗斯境内。① 中国《人口健康信息管理办法（试行）》规定："不得将人口健康信息在境外的服务器中存储，不得托管、租赁在境外的服务器。"② 印度尼西亚信息与通讯部发布的相关条例规定，拥有公共服务和灾后恢复信息的数据中心必须位于印度尼西亚境内。③

① 沈玉良，李墨丝，李海英，等．全球数字贸易规则研究[M]. 上海：复旦大学出版社，2018.

② 张平．中华人民共和国个人信息保护法理解适用与案例解读[M]. 北京：中国法制出版社，2021.

③ 张丽英，曾涛，毛欣铭．"一带一路"沿线国家贸易通关法律与实务[M]. 北京：中国政法大学出版社，2021.

值得注意的是，本地化要求虽不等同于跨境数据流动限制措施，但某些情况下，可能带来与禁止跨境数据流动同样的效果。

另一种是满足一定条件下的跨境数据流动。满足一定条件下的跨境数据流动的条件又可分为两类：

其一为数据本地存储或处理的要求。例如，越南发布施行的法令规定每个数字服务或网站最少在本地，即越南设置一台服务器。又如《簿记法》要求公司必须在本地，即瑞典实际存储年度（财务）报告和资产负债表等文件七年的时间。再如美国《国家网络安全战略》规定，外国通信基础设施提供商在本地储存特定的客户数据，且对计费记录和访问日志等数据的保留设置了最短时限。

其二为将保护隐私等作为前提条件。例如，《通用数据保护条例》规定，必须在非欧洲经济区的国家对数据提供充分保护的前提下才能够将数据传送至这些国家。国家是否满足这一前提，即国家所提供的保护是否充分，需要经由欧盟委员会调查和认定，至今仅少数国家通过了认定。对于不满足这一前提的情况，《通用数据保护条例》提出了一些代替机制，如有约束力的公司规则、标准合同条款、经批准的行为准则和经批准的认证机制等，以将个人数据传输到其他司法管辖区，或有其他合法理由，如完成业务需要或得到数据主体的明确同意等。

欧盟的数据保护规则对国际社会影响很大，很多国家采用类似的数据监管举措，如日本确立了一项一般规则，即个人信息的主体必须明确同意将数据转移到日本境外的实体，除非数据接收方所在的国家已被日本监管机构承认具有与日本《个人信息保护法》同等的个人信息保护标准；转让方和接收方已确保接收方根据隐私法的要求，即执行类似于《通用数据保护条例》标准的数据传输协议，适当、合理地处理个人信息；或接收方拥有监管当局所承认的基于国际框架的认证，如亚太经合组织（APEC）跨境隐私规则体系的认证。

澳大利亚要求打算向境外实体披露个人信息的澳大利亚实体采取在当时情况下合理的措施，确保该境外实体遵守相关原则；新加坡规定，转让实体必须采取适当步骤，确定接收数据的实体受法律强制执行的义务的约束，即对转让的数据提供可比的保护标准；加拿大则要求数据接收国制定与国内法保护类似的法律。

2. 限制数据流动的原因分析

各国对数据的跨境流动都有不同程度的限制，所要实现的目标主要包括以下几个方面。

（1）保护个人数据隐私

个人数据的跨境流动若是不加以适当限制，会导致个人隐私受到侵犯。隐私保护不是一个新问题，在信息交流还不通畅的19世纪，塞缪尔·沃伦（Samuel Warren）和路易斯·布兰代斯（Louis Brandeis）担心媒体可能侵入个人生活，写过一篇关于“独处权”的文章。数字化经济时代面临着隐私安全问题。首先，个人数据不是物体物质，能够无限复制并且不受时空限制和物理障碍阻挡地在世界范围内快速传播。其次，互联网迅速发展，覆盖率不断提升，我国网民已经超出10亿人，人们已经习惯于借助互联网购物、通讯、娱乐、工作，留下大量数据，如网购平台上的地址、电话、购物记录，社交平台中的定位、发言、与好友的互动评论等。数据分析、挖掘技术不断发展，人们能够从这些数据中挖掘出人们的兴趣爱好、亲朋好友、生活经历，甚至居住地址、手机号码、行动轨迹等，这对个人隐私造成侵犯。

所以，各国对隐私数据或个人数据的定义范围尽管依旧模糊，但有不断扩大的趋势，如欧盟数据文件将个人数据定义为与已识别或可识别自然人相关的信息，并将可识别自然人定义为可直接或间接识别的人，尤其是通过参考识别号或特定于其生理、心理的一个或多个特定因素看出可识别的经济、文化或社会身份。

2018年5月，《通用数据保护条例》生效，其中对个人数据的定义不变，但将可识别自然人的定义扩展为可直接或间接识别的人，尤其是通过引用标识符（如姓名、识别号、位置数据、在线标识符）或特定于物理、生理学的一个或多个因素来识别人。例如，有关习惯、地点和身体状况的数据可能会随着时间的推移而创建一个人的个人档案。因此，区分个人数据和非个人数据并非易事，这导致各国间产生意见分歧和争议。

为了解决各种意见分歧和争议，世界贸易组织（WTO）制定了相应的制度，例如，允许成员在特定条件下使用WTO规则之外的个人数据隐私保护规范和措施，然而这些个人数据隐私保护规范和措施到底是不是以保护个人数据隐私为名义的贸易保护主义，目前没有相对客观的标准可供判断。目前各国在跨境数据流动立法方面，个人数据隐私保护相关的法律法规受关注，也是弹性最大、最易导致争议的。

（2）保护网络空间安全

网络空间安全不仅关系到民众的生命财产安全，也是国家安全的重要内容。如今大数据技术、机器学习技术等高新数字技术快速发展，网络已经和各行各业密切结合，从支付宝这样的网络支付平台到工业制作、生产使用的控制系统，再到自动驾驶车辆，社会各方面都受到潜在的网络安全威胁。如果无法充分保证网络空间的安全，那么从个人到国家都会受到安全威胁，尤其是网络互联性高的国家。网络安全隐患的威胁、保护网络空间安全的需要，以及由此制定的种种法律法规要求限制数据流动。

(3) 执法需要

跨境数据流动限制的另一个动机是确保执法目的，随时访问数据。当下，若是数据存储于其他国家的司法管辖，本国的执法部门需按照司法协助条约要求的程序方可取得访问权。根据这一程序，一国可以从他国的数据存储服务供应商手中获得所需数据。司法协助条约就是为了方便特殊情况下获得执法所需证据，是为跨境数据流动提供的一个安全补救机制，但事实证明，这些条约设计无法及时有效回应提出的获取电子数据的请求。

由于互联网和云计算的快速发展和广泛应用，很多网络企业从数字服务供应商处购买云存储等服务，而美国集中了很多大型数字服务供应商，因此，很多数据会被托管在美国境内，有些也会被托管在其他国家境内。本国的执法部门必须通过复杂的流程才能够获得美国的司法协助，以要求美国的数字服务供应商提供数据：本国执法部门需先联系美国司法部国际事务办公室并提出书面申请，此部门会审核书面申请中的法律依据等，并由检察官提交至美国联邦法院进行审批，审批通过后，指定的数字服务供应商需制作电子记录并交由国际事务办公室审查，审查通过后，本国执法人员才能从数字服务供应商处获得数据。执法机构至少需花费 10 个月才能够完成这个流程。为了避免这种情况，应限制跨境数据流动，以使得个人数据存储于本国境内，但是这又会加重贸易保护主义。

3. 限制跨境数据流动的影响

尽管各国会出于各种需求而通过立法来限制跨境数据流动，但是这并不符合立法初衷，反而会导致一定的影响。

首先，会导致本国经济发展效率与产业国际竞争力降低。目前，人类社会正处于新一轮的科技革命和经济革命中，互联网会在未来国家各方面的交往和互动中作为主要渠道，同时，数字化经济不断深化发展，互联网与实体产业的融合越发深入，不同产业之间也趋向融合，跨境数据流动对全球经济的溢出效应也会不断强化。数据流动带来了经济效益，限制跨境数据流动也一定程度上会带来经济成本，某个环节中数据流动受阻很容易导致连锁反应、蝴蝶效应。限制跨境流动不仅会影响国际贸易，也会导致国内投资环境的优化与产业国际竞争力的提升受阻。

其次，会导致中小企业受到不公平待遇。一般而言，中小企业体量小、资金实力弱。例如，根据《通用数据保护条例》，一般情况下，以公司规则、合同范本等合规方式将个人数据从欧盟传输至欧盟外的国家或地区，需要承担巨大的合规成本。在大规模的罚款之后，很少中小企业可以继续经营。大企业则有足够的实力应对《通用数据保护条例》的合规要求。所以，以打造公平竞争平台的限制跨境数据流动实际上造成了另一种不公平。

再次，限制跨境数据流动未必能够提升个人数据和网络空间的安全性。保护数据安全、网络安全是一项复杂的工作，与网络保护技术、组织管理规范、财政能力都有关。大型的专业数字服务供应商具有更先进的知识和技术来充分地构建安全防护系统，有更完善的组织管理规范避免内部泄密，有更多的资金来购买先进的设备、招聘优秀的人才，能够更好地保障数据安全。限制跨境数据流动要求数据在本地存储或处理，企业就需要在多国构建数据中心，资源分散，数据安全维护能力也会下降，还有很多企业根本没有这样的技术和资金能力。基础设施的可靠性也会影响数据安全，如部分国家电力系统运行不稳、宽带质量缺乏保证，盲目地要求数据本地化储存和处理会使得一些数据存储于不安全的储存节点，进而导致整个网络的安全性降低。

最后，如今国家、企业、个人等各个层面上的国际交往越发频繁，形成了一些个人数据跨境流动的需求，如学生出国留学需要向学校提供学业相关的信息数据；病人出国就医需要向医院提供医疗健康数据，从而避免重复检查，以便于医生更快地诊断病人病情；跨国网购需要提供自己的电话、住址等信息。

（二）跨境数据流动监管

大数据时代，国家之间、企业之间对数据资源的争夺日益激烈。各个国家、各个企业已经普遍认识到了数据资源的巨大价值和重要意义，为了应对国际竞争，各个国家在积极借助大数据提升自己的国际影响力。欧盟和美国是最早制定跨境数据流动规范的地区和国家，作为先行的数据立法实践者，长期引领着跨境数据流动监管的发展方向。下面我们就以欧盟和美国为例，介绍其在跨境数据流动方面的立法实践和监管措施。

1. 欧盟：寻求个人信息保护与数据自由流动的平衡

欧盟委员会早在20世纪80年代初就开始采取措施限制个人跨境数据流动，逐渐构建了相对健全、完善的数据流动规则。《通用数据保护条例》确立了欧盟跨境数据流动管理方案。欧盟的方案强调数据目的国应当具备充分的数据保护水平，注重引入安全评估机制以在数据跨境传输之前开展事先审核。欧盟的立场相对保守，对欧盟之外的国家实施严格的规则以限制个人数据流动，保护数据隐私；对欧盟国家之间的数据流动则采取鼓励态度，以促进欧盟数字化经济良好发展。如表4-4-1所示，从中可以看到，欧盟考虑到了多种场景，并为此规定了不同的跨境数据流动的主要方式。

表4-4-1　欧盟跨境数据流动的主要方式

通过方式	适用情形	相关要求
白名单机制	一般情况	通过审查确认进口方所属国达到欧盟数据保护要求
采用标准合同条款	如果进口方所属国未达到欧盟数据保护要求	采用欧盟颁布的标准合同条款
制定具有约束力的企业规章制度	企业内数据的跨国流动	通过欧盟数据监管机构的审核
为保护公共利益、个人合法权益等	例外情况	例外情形受到严格限制
经批准的认证机制、封印或标识	公共机构之间的数据转移活动	相关机制获得批准
成员对某些特殊情况作出的另行规定	特殊情况	包括数据主体已给予明确同意，而数据传送又是偶尔为之，且对于合同或法律索偿来说是必要的，涉及公共利益的重要理由要求进行数据传送等

2. 美国：服务于贸易的宽松政策

美国提倡数据能够在全球市场中自由传输，在各类双边或多边协议中明确了这一立场。例如，美国与欧盟签署的《安全港协议》和《隐私盾协议》均为美国大型互联网跨国企业实现欧洲市场份额提供了便利。美国与墨西哥、加拿大在新一轮谈判协定《美墨加三国协议》中添加了数字贸易章节，要求各方能够对电子方式的跨境信息传输实现跨境数据自由流动和非强制数据本地化存储[①]。美国于2018年出台的《澄清域外合法使用数据法案》试图打消其他国家推行数据本地化存储的计划，以此获得更多的商业利益。

3. 其他国家对跨境数据流动的监管措施

如表4-4-2所示，简单列出了其他国家对跨境数据流动的监管措施。

表4-4-2 其他国家对跨境数据流动的监管措施

经济体	主要规定	法律法规
中国	个人信息、重要数据应当在境内存储；确需向境外提供的，应当进行安全评估并经主管机关批准；非经主管机关批准，境内的组织、个人不得向外国司法或者执法机构提供存储于中国境内的数据；中国境内采集的信息的整理、保存和加工，应在境内进行	《中华人民共和国网络安全法》《征信业管理条例》《中华人民共和国数据安全法》
俄罗斯	公民个人信息及相关信息和数据库需要在俄罗斯境内存储；数据的处理活动需要在俄境内；相关信息告知和协助有关部门执法	《俄罗斯联邦〈关于信息、信息技术和信息保护法〉修正案及个别互联网信息交流规范的修正案》《就“进一步明确互联网个人数据处理规范”对俄罗斯联邦系列法律的修正案》
印度	必要或数据主体同意是个人数据或信息向境外传输的前提	《信息技术法》
日本	在获取、利用个人信息时，必须注意利用的特定目的并通知或公布该使用目的且在该范围内使用；数据保存应遵守：安全管理以免泄露，对从业者和委托方进行安全管理，向外国第三方提供时需获得数据主体的同意	《个人信息保护法》

（三）跨境数据流动规则

尽管限制跨境数据流动背后有其正当的公共利益诉求，但道德判断缺乏价值判断所拥有的可视化的衡量标准，在无法清晰区分各国数据监管的政策动因的前提下，怎样平衡促进跨境数据流动和保护公共核心利益，并建立一套相对统一又易于被各国普遍接受的跨境数据流动规则成为数字贸易治理的关键议题。

① 蔡思璇．数字贸易规则解析：区域全面经济伙伴关系协定与美墨加三国协议比较视角[J]．现代商业，2022（26）：134-136．

1.WTO 多边安排

对于跨境数据流动，WTO 制定了这样的基本规则框架：一是《服务贸易总协定》（GATS）中的金融附件、电信附件等，其对信息传播作出了相关规定；二是 GATS 中的第 14 条，其对处理和转移个人隐私记录和账户等作出了相关规定。同时，协定为了避免此条款用于贸易保护主义，导致正常的服务贸易受限，在第 14 条的起首部分还明确强调此条款的适用方式不会造成随意的或者不合理的歧视，不会变相限制服务贸易。

世贸组织上诉机构在对某一措施的必要性进行评定时会对各个因素进行综合考量，如措施对政策目标的贡献、公共利益的重要性或受措施保护的价值，以及对进口的影响[①]，还会评估有没有其他限制性更小的措施也可以实现预案措施的目的以取而代之，而可以取而代之作为真正的替代方案的措施一方面要比原措施带来的贸易限制小，另一方面还要能够达到相应的成员需要的保护水平。对某一措施与 GATS 第 14 条起首部分的一致性的评估实际上就是平衡援引例外的成员与其他成员之间的权利和利益，与 WTO 成员而非 WTO 争端解决小组的合作过程可能是找到这种“均衡线”更可靠的过程。

但是，GATS 对跨境数据流动或信息跨境传输的软性规定在解释时留出了很大的弹性空间。有些国家会全力利用这种弹性空间，立足于本国利益对规则进行解释和构建贸易壁垒，以保护本国的产业，促进国内就业，防止税收损失，保护网络空间主权。所以，各个国家都在积极探索约束力更强、更完善的跨境流动规则，以优化和促进数字贸易治理。

2. 区域贸易安排

由于多哈回合贸易谈判中止，始终未达成协议，同时 WTO 改革难以推进，很多国家不再寄希望于多边平台，而是转向以区域贸易协定的方式来尝试构建新的数字贸易规则。

（1）《全面与进步跨太平洋伙伴关系协定》

亚太国家达成的《全面与进步跨太平洋伙伴关系协定》（CPTPP）在第 14 章围绕着电子商务提出了一系列规定，形成了一个经由贸易协定实现促进跨境数据流动和保护个人数据隐私平衡的，具有一定约束力的规则框架，极大地促进了新的、更加完善的多边数字贸易规则的构建，有力地促进了数字贸易自由化的持久发展。美国于 2017 年 1 月退出协议，此前，美国贸易代表办公室（USTR）认为

① 李仁真．服务贸易总协定详解 [M]. 长沙：湖南科学技术出版社，2007.

CPTPP的第14章有效地保护了开放的互联网，避免了巴尔干化的互联网格局，有力地推动了数据的自由流动。

①关于跨境数据流动。CPTPP的第一个关键内容是每一方应允许通过电子手段跨境转移信息，包括个人信息，当这项活动是为了实施针对数据主体的业务时[①]。不同于GATS，此条规定面向所有的数据流动，而非仅针对跨境交易的数据流动。

②关于隐私和安全的例外条款。CPTPP在其电子商务中也有类似于GATS第14条的例外条款。相关规定表明，本协定中的任何内容不得解释为要求缔约方提供或允许获取任何信息，如果这些信息的披露违反了其基本安全利益，或排除一缔约方采取其认为的为履行其义务所必需的维护或恢复国际和平或安全，或保护其基本的安全利益的措施。[②]该协定明确指出使用例外条款以实现合法的公共政策目标时，禁止采取任意或不合理歧视以及变相限制自由贸易的手段，不能造成目标之外的不必要的数据流动限制。

③关于数据流动目的国义务的规定。CPTPP强调了数据流动目的国义务，就此作出了很多规定，以防止跨境数据流动侵犯数据来源国民众的隐私安全。它就在线消费者保护方面明确规定各个成员都要积极加强立法、执法等，采用有效措施保护消费者隐私，严格禁止和大力打击商业欺诈、商业欺骗活动。首先，各成员要积极构建和健全维护电子商务用户隐私的法律体系，可以制定全面的隐私保护办法，针对隐私保护方面具体行业的规范经营或者某一部门的执法行为制定法律法规，将各电商平台必须向用户提供用户隐私保护承诺书写入法律。其次，各成员在保护本国消费者隐私安全时，所采取的措施不能含有歧视性或者贸易保护主义性质。最后，CPTPP号召各成员的消费者保护机构就跨境数据流动中的消费者隐私保护开展合作，促使不同保护机制相互兼容。

各国就跨境数据规则达成共识的一大关键就在于增加数据流动目的国的这类义务，应要求数据流动目的国为来源国的隐私安全提供法律保障，向来源国的消费者承诺不会忽视对他们隐私安全的保护。由此，保护消费者隐私安全就成了数据流动目的国和来源国的共同义务，数据来源国也就不必要使用例外条款。

（2）《通用数据保护条例》

隐私安全一直是欧盟关注的重要问题，所以早在1995年就颁布了《数据保

---

① 刘敬东.CPTPP与国际经贸新规则理论与实践[M].北京：中国社会科学出版社，2023.

② 刘敬东.CPTPP与国际经贸新规则理论与实践[M].北京：中国社会科学出版社，2023.

护指令》，对个人数据的跨境流动进行限制。为了应对数字化经济时代个人隐私安全造成的新挑战，欧盟委员会从2012年开始着手制定新的数据保护规则，即《通用数据保护条例》，对隐私保护和数据主权在适用范围、责任主体、惩罚力度等方面提出了更严格、更具体的要求，并在2018年5月成为替代指令的升级版数据保护规则。

总体来看，根据《通用数据保护条例》，数据可以在多种条件下转移到欧盟境外。

一是满足欧盟的充分性保护原则，即当欧盟委员调查并认证欧盟外国家或此国境内的特定部门，或相关国际机构对数据安全保护能够达到充分性保护水平，就可以直接进行个人数据转移而不需其他授权。充分性保护认证是对多方面因素的综合考虑，如国家法治水平、尊重人权、独立监管机构现存或有效地确保遵守数据保护规则、国际协议等。

二是在缺乏充分性评估的情况下，个人数据可以由数据控制者或处理者转移至第三国或国际机构，控制者或处理者要提供适当的保障、可执行的数据主权和有效的法律补救措施。所谓“适当的保障”指的是具有约束力的公司规则、经委员会批准的标准数据保护条款、经核准的行为守则和认证机制等。

三是在缺乏充分性保护评估和适当的保障措施的情况下，数据在转移到欧盟境外时至少需要满足以下几点：向数据主体明确告知因为缺乏充分性保护评估和适当的保障措施仍转让数据会面临的风险，而数据主体仍同意转让协议；数据主体与控制人已经签订了包含数据转让规定的合同，或者为满足数据主体要求而执行合同前措施，必须进行转让；由于公共利益的存在，转让是必要的等。同时，还提到要建立国际合作机制，促进有效执行保护个人数据的立法；倡导和鼓励利益相关者积极参与关于个人数据保护立法的国际研究会、交流会等活动；加强就个人数据保护立法、与第三国的管辖权冲突等的讨论和商议。

（3）亚太经合组织隐私框架

APEC采取一系列措施有效促进了跨境电商个人数据隐私保护，有效提升了消费者通过电商消费的隐私安全水平，增强了消费者对电子商务的信心。《APEC隐私保护框架》明确了隐私问题处理原则，为各成员和各企业的隐私保护工作提供了指导。2011年确立了跨境隐私规则，这是APEC隐私保护框架的核心，有效解决了各成员隐私法不同的问题，明确了个人数据跨境流动的规则。APEC隐私框架中的信息因素原则主要包括基于数据使用和传输可能导致的风险对个人数据隐私进行保护；明确告知数据主体会收集哪些数据、收集目的、可能获取数据的组织，应怎样对数据的使用和披露进行限制，如设置访问权限等；只能收集目的范围内的数据。

APEC 隐私框架确立了问责制，对数据收集者和使用者进行约束。其与《通用数据保护条例》数据跨境传输标准合同中的“有约束力的公司规则”相似，但也有着很大的不同。首先，不要求各成员有隐私立法，所以也不要求各成员之间进行隐私保护互认；其次，跨境隐私规则属于自愿认证，具有很大的弹性空间，实施起来更为灵活，不仅可以通过立法来保护隐私，还可以依靠行业自律保护隐私，也就是按照 APEC 跨境隐私保护规则审查标准对责任代理机构进行确认，将这一机构代表 APEC 对商业机构进行资格认证，以及撤销侵犯消费者隐私权的商业机构的资格认证；最后，在数据收集中并非所有情况都需要数据主体同意，只要适当的情况下须获得数据主体的同意或者向其发出通知。只有在获得数据主体同意的情况下或者为了提供服务或产品所不能避免的情况下，才能将数据用于收集目的之外的事情。

（4）经济合作与发展组织发布文件

经济合作与发展组织（OECD）成员过去已经推出了很多个人隐私保护相关的法律，并且各个国家在立法上或多或少地存在差异，这就导致个人数据在这些国家之间难以自由流动。2013 年，OECD 发布《关于隐私保护和个人数据跨境流动的指南》（以下简称《隐私指南》），旨在解决互联网快速发展之下数据收集和处理导致的隐私泄露等风险。

①关于最低限制的跨境数据流动原则。《隐私指南》第 16 条规定，成员应采取一切合理和适当的步骤，确保个人数据的跨境流动是不间断和安全的，包括通过成员的过境。其例外主要体现在第 17 条的规定上，即一个成员应避免限制本国与另一成员之间个人数据的跨境流动，除非后者尚未实质性地遵守本准则，或此类数据的再出口将规避其国内隐私立法。一个成员还可以对某些类别的个人数据施加限制，因为其国内隐私立法对这些数据有具体的规定，而另一成员对这些规定没有相应的规定。

同时，第 4 条还对例外条款进行了适当的约束，对于指南第二和第三部分所提到的为保护国家主权、国家安全和公共政策有关时的例外情况，应采取最低限度和公开透明的原则。第 18 条规定，成员应避免以保护隐私和个人自由的名义制定法律、政策，这将对个人数据的跨境流动造成超过这种保护要求的障碍。

②强调数据主权。《隐私指南》的多条规定强调隐私主权，例如，应通过合

法手段，并在必要情况下获得数据主体同意后获取数据；应明确表示收集目的，并只能将数据用于这一目的；不能在没有得到数据主体同意的情况下披露个人数据等。

③对问责制原则的规定。数据控制者应当有可以满足《隐私指南》规定的隐私保护管理程序，应按照信息采用隐私风险评估方法以及隐私保护措施。

④关于成员机制建设的建议。《隐私指南》中还对各国国内隐私保护和个人数据流动限制相关的法律法规提出了建议，例如，各国应当坚持隐私保护原则，针对个人隐私保护和数据自由流动制定法律、行政程序，建立专门机构。其鼓励成员积极采取立法手段；以行为守则等形式引导和鼓励相关行业和企业自觉规范自身获取、传输和使用个人数据的行为；以合理方式支持个人使用个人数据和保护个人隐私等权利；不对数据主体采取任何歧视性做法；规定在不遵守执行第二和第三部分所载原则措施的情况下提供适当的制裁和补救办法。

此外，《隐私指南》对数据跨境传输方式进行了限定。一种反映了问责制方法，其中数据控制者仍然对其控制下的个人数据负责，而不考虑数据的位置；另一种则允许向基本遵守准则或存在充分保障的其他国家传输数据，其中包括确保与准则一致的持续保护的机制。根据《隐私指南》的补充性说明备忘录，这两种跨境数据传输原则彼此独立存在。这两种方法反映了 OECD 成员对跨境转移的不同方法：欧盟数据指令和《通用数据保护条例》方法限制只能向提供充分保护的国家转移，以及允许数据传输的 APEC 方法，并使数据控制者对其他国家的第三方使用而导致的任何数据泄露负责。

（5）美欧《隐私盾协议》

美国和欧盟尽管在保护隐私方面采取了很多不同的措施，但是仍达成某种形式的互操作性。2016 年 7 月初，欧盟和美国就数据传输达成的《隐私盾协议》正式生效，取代了原有的协议，在一定程度上允许欧盟和参与隐私盾的美国企业之间进行个人数据的自由流动。

根据《隐私盾协议》，美国公司应当直接或者经由行业机构间接向美国商务部证明，自己会按照隐私框架的原则进行个人数据保护。这些原则主要为向欧洲数据主体发出通知，明确表示其数据正在被美国企业处理；向欧洲数据主体给出提供或不提供个人数据的选择；为任意一种向第三方传输个人数据的行为负责；以合理措施防止个人数据丢失或滥用；对个人数据的处理仅限于所给出的使用目的；给予欧洲数据主体获取、修改或删除个人信息的权限；执行这些原则并使欧洲数据主体能够获得负担得起的执法机制。

《隐私盾协议》要求美国企业必须公布和遵守自己的隐私条款，一旦违反，将由美国联邦贸易委员会接过其管辖权。此外，美国还为个人数据泄露的人提供了各种补救手段，包括对企业直接投诉或向商务部提出投诉。此外，根据《隐私盾协议》，美国同意设立一个监察员，根据国家安全理由处理有关政府机构从欧盟获取个人信息的投诉。

总体上来看，关于跨境数据流动，世界各国在国内规制和贸易谈判中采取的不同政策立场大致上反映了两种不同的治理思路：一是以美国为代表的以商业数据为核心的跨境自由流动规则，如允许商业信息跨境自由传输，并禁止数据本地化措施，但同时也不阻止缔约方为达到合法公共政策目的而采取或维持与这些义务不一致的措施；二是以欧盟为代表的隐私保护至上的跨境数据流动规则。其核心主张和主要特点体现在两个方面：一方面，明确要求各方承认个人数据和隐私保护是一项基本人权，并采取或维持其认为恰当的个人数据保护措施；另一方面，在个人数据受到良好保护的前提下，跨境数据流动的自由化水平反而要高于美国标准，既没有对国家安全予以提及，也未对出境数据类型作明确区分。

目前，美国和欧盟两种方案之间尚未形成广泛的折中共识，其他国家也采取了选择性跟随的态度，如日本在国内立法上虽然参考了欧盟规则，同时也与欧盟达成了数据保护的相互充分性认定，也积极参与美国主导的跨太平洋伙伴关系协定（TPP）和 APEC 的跨境隐私规则。中国的国内立法也参照了《通用数据保护条例》的规定，但在实施上，更强调在国家安全的前提下，尽可能避免对商业跨境数据流动进行限制。美国在 2020 年 6 月召开的 APEC 事务级别磋商中，提议将 APEC 跨境隐私规则体系从 APEC 框架中独立出来，这使得非 APEC 成员也有可能加入跨境隐私规则，从而扩大它在国际社会中的影响范围。

3. 当前规则的总结和有效性探讨

以上这些不同的治理方案，已较 GATS 有很大进步，除了继续延续 GATS 追求的隐私安全保护与自由流动之间平衡的原则，又加入了更多治理理念或管理方式的创新，主要体现在针对数据控制者、处理者和接收方所提出的一些基本原则，如收集限制原则、数据质量原则、目的规范原则、使用限制原则、安全保障原则、开放原则、个人参与原则和问责制原则，为数据的跨境自由流动和安全保障提供了丰富和完善的监管范本。这些机制在作为有效的国际跨境数据流动规则上，至少还面临以下几个问题。

第一，各方关切错位，在形成全球统一规则上具有较大难度。以上的讨论可看出，各国对跨境数据流动进行限制基于不同的政策考虑：欧盟重个人隐私；美国重数据安全，且要在隐私、言论自由、发展和创新等诸多目标中取得平衡；中国重国家安全。各个国家关注的角度和重点不同，很难在短期内形成一套普适的和具有包容性的跨境数据流动规则框架。

第二，新的规则机制无法保证实施的公平性。一方面，数据流动新规则中的例外安排同样为数字贸易保护主义留下了足够的“后路”；另一方面，新规则有可能违反 WTO 的非歧视性原则。以《通用数据保护条例》为例，法规不仅对第三国一视同仁，都必须满足对个人数据同等的保护条件才有可能获得充分性认证，对国内外数据控制者的要求也相同。所以在文本上，《通用数据保护条例》并不违反 WTO 规则，但是欧盟跨境数据流动监管的潜在冲突不在规定本身，而在于进行充分性认证的方式和程序。欧盟委员会在评估中享有较大的灵活性，这种灵活性会破坏整个流程的公平性，这也是《通用数据保护条例》遭到其他 WTO 成员方质疑的重要原因。

第三，实施上受到技术可行性的制约。许多核心术语，特别是隐私一词是模糊和不准确的。隐私实际上是一种主观感受，每个人对于隐私的定义有所不同，这反映出个人利益和价值观的不同，因此难以在制度上明确隐私的内涵。国际贸易中隐私保护的关键就是将个人数据和非个人数据区分开来，只有个人数据收集和传输才能够触发司法介入。当前在技术上还缺乏对隐私或个人数据边界的科学划分，在企业不能将个人数据从全部数据中提取出来的情况下，那些限制个人数据收集和传输的措施就阻止了数字贸易的发生。总之，如果缺乏“隐私”“个人数据”“国家安全”等术语明确和共同的认知，就不可能就如何规范管理数据流动进行富有成效的讨论。

第四，跨境数据流动限制属于跨境数据安全管理问题的表面和结果，各个国家在发展水平、发展历史、制度等方面的不同才是问题的根源和成因：美国以其强大的数字技术实力，在推动跨境数据流动方面发出极其自由的声音。欧盟在隐私保护的规则制定上一直走在世界前列，但这在一定程度上遏制了其数字化经济发展的活力，所以一方面欧盟力图通过《通用数据保护条例》这一具有法律约束力的管理条例来推动区域内数据的自由流动；另一方面也想要引导国际规则走向，打造与非欧盟世界相对平衡的竞技场。中国人口多、市场体量大，数字化经济发展迅速，在跨境数据流动的治理上以便利货物贸易的发展为核心。

（四）跨境数据流动的国际合作机制

如今数字化经济发展迅速，很多国家从本国利益出发纷纷向世界贸易组织提交跨境数据流动条款提案，然而因为各国在国家利益、价值理念等方面不同，未能达成共识，短时间内难以制定出各国认可的跨境数据流动规则。所以，很多国家转向以双边合作机制和多边合作机制来达成跨境数据流动的国际合作。下面从双边合作机制和多边合作机制的视角出发，结合一些具体的国际案例，谈一谈跨境数据流动的国际合作机制。

1. 双边合作机制

目前，各国尚未实现对跨境数据流动普遍认可的统一规则。在这种情况下，跨境数据流动双边谈判成为较为主流与普遍的选择。该谈判通常有以下两种形式：一是各个国家之间达成充分性认定。欧盟就对其白名单国家实施了数据保护的充分性认定。目前，这种认定逐渐成为一种趋势，不少国家对本国的相关政策进行更改，以与欧盟的认定实现对接，从而能够在欧盟市场开展商业活动。二是在协定中增加鼓励数据流动的相关条款。在全球的双边协议中，有多项包含了相关条款，有多项双边协议包含了电子商务和跨境数据流动的章节。美国、新加坡、澳大利亚、加拿大和欧盟是主要的规则制定者。

2. 多边合作机制

多边合作机制有两种主要形式：一是在多边贸易谈判中引入跨境数据自由流动条款。随着数字技术的发展，跨境数据流动的情况有了颠覆性的变化。世贸组织虽然是非常受认可的国际多边贸易规则代表，但是其关于跨境数据流动的规则相对滞后。近年来，很多国家向其提交了电子商务谈判相关的提案。我国和其他很多发展中国家提交了倡导建立以货物流动为基础的跨境电子商务规则的提案。目前，全球难以在跨境数据流动规则的制定上达成统一。二是通过区域示范促进各成员达成共识。尽管在区域范围内提供示范性隐私和数据保护框架不具有强制性约束力，但仍然为其他国家制定国内相关政策提供了指导，这有利于促进区域范围内的国家对于数据保护的政策与原则达成统一，促进区域经贸合作与一体化发展。世界上第一个隐私保护框架由 OECD 制定，其提出的平衡个人隐私数据保护和数据自由流动的解决方法是国际社会在跨境数据流动领域达成的第一个共识。

迄今为止，关于数据治理的全球辩论对于低收入国家考虑较少。这些国家尚未形成最基础的数据法律体系和监管体系，不管是数据安全保障方面还是数据共享方面都有不足。这些国家没有实现可操作的、使数据可供更多用户使用的完善数据系统和基础设施。低收入国家中只有不到20%拥有现代化的数据基础设施，如数据托管中心和使用云端计算设施的直接渠道，即使那些数据系统和治理框架已初具雏形的国家，由于缺乏具备必要行政能力、决策自主权和财务资源的相关机构，这些系统和框架无法得到有效的贯彻实施。

（五）跨境数据流动治理新思路

数字贸易从横向和纵向整合了经济交往中的各个元素，其规则制定涉及整个国际和国内体系的调整，各国在发展水平、历史和制度等方面的巨大差异决定了这是一个逐步调整和不断适应的过程。必须积极构建国家之间、整体和局部之间、政府与市场之间相互协调、纵横贯通的沟通和平衡机制。

1. 国际协调与国内规制

跨境数据流动规则并不是一个简单的问题，而是一个复杂的、深刻的价值取向问题，要考虑公平、安全、隐私和发展等，没有绝对的对错。基于此，应当积极促进国家之间的对话交流，积极探寻各国广泛接受的解决方案，通过互认协议加强监管合作，从而提升国际跨境流动治理的效率和质量。此外，也要关注国内规制，由内而外地寻找改进国际规则的思路和方法，既要促进国内商业数据的跨境自由流动，又要确保法律法规政策规范的高度透明和执行难度低，构建和健全外部监督机制。

2. 多边规则与区域治理

其一，应当积极倡导和支持国家之间构建区域性的跨境数据流动规则框架，然后逐步扩大规则范围，沿着由点及面的路线有序推动规则发展，从而有效地调节和解决中短期的国际纠纷。其二，国际贸易下，数据在全球范围内流动，而非在一定区域内流动，解决数字贸易问题的根本方法是要依靠多边平台。区域治理的方法尽管能够很快达成合作，却影响了企业从全球层面进行资源配置、协调数字贸易经济发展效率和隐私安全。同时，相比针对一定区域制定的管制法，世贸组织的最惠国待遇和非歧视性等原则更加包容、灵活，更能适应不同情况和新变化，有助于构建和谐稳定的国际法环境，以促进世界经济发展，能够帮助国际贸易企业以未来的视野制定长远战略。

3. 贸易自由化与包容性发展

跨境数据流动治理的最初目的是促进贸易自由化。这不代表只依靠构建一个“乌托邦式”互联网形态就能够解决政策问题，我们必须正面认识并重视广大发展中国家所遇到的数字鸿沟和数字贸易发展的矛盾。所以，国际社会应当坚持开放包容的原则，积极看待各国的数字治理逻辑，并且指导和帮助各国探索实现政策目标的方法渠道，尽可能将各国跨境数据流动治理政策对国际贸易的影响降到最低。技术、市场和政策是数字贸易发展的三大要素，技术为数字贸易发展提供了支撑；市场是数字贸易发展的基础；政策为数字贸易发展提供了规范。当下的问题在于，相对于技术和市场，政策比较滞后，对市场发展产生了影响和制约。这需要政府优化监督，将政策的限制作用降到最低，或者基于政府监管的前提条件，持续优化技术和市场。所以，我们不仅要不断研究政策设计，还要积极发挥技术的作用，如借助计算等技术，在有效保护隐私的同时，避免数据保护主义。

4. 整体推进与局部调整

目前的数字贸易规则适用问题主要集中在分类和对标方面，主要是因为分类和对标方面多位于不同制度的交叉点，各利益相关者可以在这些问题上转向不同的制度，由此将之引入能够给自己带来更大利益的制度框架内。所以，应当积极探索和确立系统性的数字贸易治理整体推进思路。然而，数字贸易中的各个行业、企业都是当下具有活力的、能够反映未来发展趋势的，所以在治理过程中，还需综合考虑产业问题、协同发展问题，以具体交易为中心进行适应性调整，使局部发展与整体发展相协调。

5. 政府自上而下监管与市场自我约束

数字贸易的稳定有序可持续发展固然需要政府的有效治理，然而，当下相比政府，信息资源更多地集中在企业手中，以企业为治理中介并且充分发挥竞争对手之间的相互监督作用，能够对一些问题进行弥补。所以，政府一方面要在事前不断强化企业教育和引导，也就是从经济人的特征出发，构建和实施合理的激励机制，构建崇尚公平、追求正义的社会环境；另一方面要在事后加大对违规企业的责任追究和惩罚力度，促使企业积极进行技术创新，促进良好市场秩序的形成。

第五章 国际贸易数字化发展理论与实践的融合路径

本章主要介绍国际贸易数字化发展理论与实践的融合路径，主要从四个方面进行了阐述，介绍了实施政策保障、开辟新兴市场、注重品牌建设、加强对外贸易人才培养。

第一节 实施政策保障

国际贸易的数字化发展需要政府的引导和支持，政府不仅要积极制定相关政策，完善政策体系还要加强政策执行，确保政策实施。这就需要政府根据国际贸易环境，以及本国的对外贸易实际，灵活应用各类贸易政策，吸引国外消费者，保护和促进本国企业发展，有力推动国际贸易的数字化发展。

一、政策实施原则

（一）公平统一

公平的市场竞争环境对行业发展有着非常重要的作用。例如，虽然跨境电商进出口是我国进出口贸易重要的增长点，也是进出口贸易的一部分，但是不应有太多的政策倾斜，这样不利于营造公平竞争的政策环境，也会阻碍跨境电商进出口与一般贸易进出口的健康发展，从而影响我国进出口消费市场的高质量发展。

（二）开放包容

开放和消费是我国经济发展的重要关键词。跨境电商进出口作为新兴产业，政策制定相关部门应该采取开放包容的态度，给予市场一定的空间，但是要加强底线监管，对于侵害国家利益的行为及时制止并进行政策调整。

（三）循序渐进

我国跨境电商行业虽然起步较晚，但由于互联网信息技术的发展，我国对外开放程度扩大，跨境电商进出口行业迅速发展、日新月异。政策制定者和电商企业难以准确预测行业发展态势，因此税收政策制定应该遵循循序渐进的原则，做好前期市场研究工作，给予市场和电商企业一定的应对时间。

二、政策实施建议

目前我国跨境电商呈现出高速发展的态势，政府需要从优化政策工具运用，完善政策体系；细化实施方案，提升合作力度；强化政策执行激励与惩戒；创新跨境电商政策扩散模式等方面加快调整和健全政策体系，创造良好的发展环境，为跨境电商长远发展提供保障。

（一）优化政策工具运用，完善政策体系

政府为跨境电商提供了很大的政策支持，但是需要注意不同的政策工具适用于不同的场景，以及不同的执行方式。所以，应当优化政策工具运用，既要重视评估跨境电商营商环境及发展要素，又要关注政策工具之间的不同特点和效果，灵活地将各个政策工具组合起来，从而有效完善政策体系。基于当下的政策体系，需重点强化奖惩工具和创新工具。一方面，要对跨境电商市场全面掌握，依据企业的实际需求和行业发展趋势，从各角度出发制定奖惩政策，以便引导、鼓励各生态群体发展。这不仅应当采取授权激励方式，如特许经营，以及资源激励方式、奖励用地指标，以大力支持经济相关企业积极开发和拓展市场、增加业务，还应当加强行政处罚，以严格的手段打击不正当竞争行为，规范市场秩序。另一方面，应当紧跟产业发展趋势，结合国际市场实际情况，不断创新发展模式，积极克服发展瓶颈，积极探索开放合作新机制等。此外，还要加强规范工具和支持工具，科学合理地改进和完善现有的跨境电商政策体系。从规范工具来看，现有政策还应补充、完善对于税收的监管政策，在线上、线下两种交易方式之间架设公平的税收体系，增强税收监管。同时，畅通举报渠道，建立健全市场监管内部举报人制度，充分发挥社会监督的作用，推进行业共治。在支持工具方面，完善组织保障和国际合作方面的政策工具。在组织保障层面，健全人才政策体系，建立跨境

电商人才评价和考核方案，开发专项职业技能考试，制定人才培训和评价规范。在国际合作方面，强化对于企业走出去的政策支持，对企业国际化投资合作项目给予专项资金支持，推动企业国际合作。

健全跨境电商政策体系一方面要着眼于跨境电商的配套支撑产业物流业、仓储业的发展，另一方面要着眼于跨境电商平台、跨境零售核心产业以及新兴附着产业的发展。对于跨境电商平台，应当采取分类指导策略，对相应的市场准入和管理制度进行适当调整和不断优化。对于建设独立站等自营电商平台的企业适时进行补贴，通过专项资金等财政激励措施鼓励独立站建设，缓解企业资金压力。对于跨境电商的核心产业，推动实体零售企业创新转型，支持跨境电商企业开展业务创新，鼓励产业链上下游企业根据自身实际开发跨境电商业务，完善对于相关企业的政策引导和扶持。对于新兴附着产业，应当不断关注和跟踪其发展，及时地出台系统性的、针对性的配套政策，完善相关政策体系，大力引导与扶持新兴辅佐产业的发展，健全新兴行业发展的投融资体系，制定出台企业落户优惠政策，引进和培育一批新兴企业落户跨境电商产业园区，为区域跨境电商交易提供优质服务。

（二）细化实施方案，提升合作力度

增强政策的可操作性是政策执行过程平稳有序进行的重要保障。政策执行首先应明确政策目标，跨境电商政策目标设计既要考虑国家宏观经济政策和规划部署，也要考虑各地区区域环境和基层执行实践。综合衡量区域环境与国家宏观要求，围绕跨境电商产业发展规律进一步明确政策对象、内容及保障措施，为相关部门精准施策提供政策基础。对于具有模糊性的政策，地方政府应当全面、准确地评估当地的实际情况，制定本土化的执行细则，细化政策文件中的概括性内容，明确其中的模糊性内容，制定完善的政策，指导各部门有效执行政策。

行业组织是政策执行过程中的重要一环，将政府、企业和市场联系在一起。政策执行过程实际上就是包含行业组织在内的各个主体之间互动的过程。目前已有的政策没有重视和发挥行业组织的协调保障作用，所以，应当继续优化政策体系，突出行业组织的作用，促进其与其他主体有效合作，充分发挥其作用。立足于行政管理层面，应当分配给行业组织对应的职责和权限，并以文件等书面形式将原本政府承担的部分管理职责转移到行业协会手中，将之纳入政策执行计划，在地方政府关于跨境电商政策执行的有关决策会议中，允许重点行业组织人员发言，使之对政策形成更加深入的理解，从而推动其与各政府部门、企业协调，合作执行政策。

（三）强化政策执行激励与惩戒

为了提升政策执行力度，保证政策执行效果，应当强调传导压力，这也是政策执行试点工作能否有成果的重要影响因素。相关部门应当从实际出发，结合相关经济规律，不断优化激励和惩戒机制，强化激励与惩戒力度，实施全过程的跟踪式监督，对试点区域的政策执行进度和力度进行适时检查，根据下级单位对政策的落实行动以及取得的政策效果进行判断，并以适当的激励手段推动各级单位和企业积极主动地执行政策，并且要重视奖励的针对性，针对政策执行相关主体的需求选择奖励办法。应当加强政策惩戒，及时纠正不合理的政策变通行为，严格落实责任追究制度，坚持失责必究、注重实效相结合的原则，针对在推进跨境电商试点工作中出现的部分单位或企业逃避责任、躲避风险的政策变通行为，追究有关部门或企业责任。追责问责，释放“失责必问、问责必严”[①]的信号可引导跨境电商相关部门和企业认真履职尽责。

（四）创新跨境电商政策扩散模式

政策是否能够有效扩散取决于决策者对各种因素的综合判断。中央政府作为最重要的决策者，以行政命令的方式推广创新有效的地区经验和政策，是政策扩散的重要保障。不可单纯以强制手段推动政策扩散，而要鼓励各地各级政府间加强经验交流，相互学习，打造示范区，总结先进做法模式，以便于各地政府结合本地现实情况，对先进模式进行适当调整和有效创新，这是目前政策扩散的一个必要手段，所以应当积极构建政策学习动力机制，营造政策学习的良好氛围。例如，当政策推出一段时间后，对各地政府执行能力和政策创新能力进行评估，并公布排名，创新政府绩效评价机制，以此激发各地政府相互学习的积极性和创新热情。同时，在全国范围内收集和整理跨境电商发展经验，通过评选、构建典型案例库也能够促进各地政府积极学习和落实政策，从而促进政策扩散。经典案例库中既要有成功案例以供各地政府学习其经验，又要有问题案例以供各级政府吸取教训，并且警示各地政府探索本地化的政策执行方法和模式，这有助于各地政府避免政策失误。此外，应当积极构建和健全跨境电商政策，创

① 石国亮．用担当诠释忠诚[M]．北京：东方出版社，2016．

新容错机制，将针对政府政策执行效果的激励办法整合起来，优化激励办法中的评估标准，结合实际对容错情形进行明确和细化，进一步简化容错程序，从而使得容错制度更加可操作，并且适用于广泛的地区和普遍的情况，提升容错机制的科学性和稳定性，营造敢想敢干、勇于担当的氛围，激励各地政府学习先进的跨境电商政策制定和执行的模式，从而制定适用于本地的政策，促进跨境电商政策创新扩散。

第二节　开辟新兴市场

对于数字化国际贸易来说，新兴市场包括德国、加拿大、法国、俄罗斯、巴西、以色列、阿根廷等国家和地区。

对中国的跨境电商企业而言，全球范围内轻工业欠发达的新兴市场一直都是其至关重要的市场。从阿联酋等中东国家，到身处太平洋深处的诸多岛国，从南半球的巴西等南美国家到横跨欧亚大陆的俄罗斯……这些地方已经渐渐成为全球数字贸易的新兴市场，在这些地方越来越多的网购者通过互联网跨境从中国买走一件件商品。

在美国、德国、英国、澳大利亚等成熟市场，因为整体商业文明规范程度较高，消费习惯相对成熟，跨境网购观念普及、物流配套设施完善等各方面的优势，所以这些国家依然是我国卖家拓展跨境电商市场的业务重镇。不过，相对于这些成熟市场而言，新兴市场的增速非常引人注目。数字贸易为新兴市场提供了发展的机遇。通过数字平台，新兴市场的企业可以更容易地接入全球市场，实现全球化竞争。这有助于平衡全球商业格局，促使新兴市场在全球经济中发挥更大的作用。在国际贸易数字化的过程中，开辟新兴市场的路径如下。

一、市场调研选品

（一）网站数据观察

在跨境电商平台的买家界面，可以收集到很多有助于选品的信息。下面以亚马逊和速卖通为例进行说明。

1．亚马逊平台数据（英国版）

首先，我们观察热销产品的相关信息。在亚马逊（英国版）的网页上点击类目，在最左侧有各种产品的分类信息，卖家可以点击并选择自己感兴趣的细分类目。其次，选择畅销商品。畅销商品里显示的是这个类目下的热销商品，右侧有更多热销商品的推荐。

2. 速卖通平台数据

打开速卖通平台首页，点击畅销。

畅销里显示的是最新、最热门的商品和每周热销产品，可以按照经营类目查看热门商品排行。

可以参考同行卖家的商品。在买家首页搜索想要了解的商品，以订单降序排列，查看目前平台上手表类目下销量较大商品的信息。

（二）常用数据分析平台

除了从跨境电商平台了解数据，还可以从常用数据分析平台所提供的数据中了解更多商品的市场信息。

1. 谷歌趋势

谷歌是一家位于美国的跨国科技企业，业务涵盖互联网搜索、云计算、广告技术等多个领域，并开发了众多基于互联网的产品和服务。公司的利润主要来源于关键词广告等服务。谷歌对于跨境电商卖家来说是很实用的工具。卖家可以在谷歌趋势里看到每个关键词的搜索趋势，然后根据趋势的升高或者降低来判断商品最新的销售趋势。

2. 谷歌全球商机洞察

谷歌全球商机洞察可以提供来自全球互联网搜索的数据，按照总的搜索量、建议出价和竞争状况对每个市场的商机进行排序，可以从全球范围内收集关键词在各地区的表现情况。

3. 市场研究工具

市场研究工具（Terapeak）可以提供关于易贝平台的商品销售数据。

首先，需要注意的是，搜索数据需要交费才可以使用，可以先了解热销商品的类目情况，点击热门调研之后，列表中会出现热搜的关键词以及关键词所在的类目和销售数据，然后可以看到哪些是热销类目，哪些是热销商品。

其次，卖家应进一步了解自己经营的类目情况。易贝针对不同国家和地区有多个站点，可以根据不同的分站点来查看不同国家和地区的搜索情况。

最后，进行具体的产品调研。单击选择产品调研，输入要查询的关键词选择时间段，可以选择过去 30 天的数据。

4. 速卖通

速卖通的卖家可以通过行业情报、选品专家等工具获得数据支持，从而进行系统的选品分析。

二、判断货源优势

货源优势是需要考虑的重要原则。对初级卖家而言，如果其所处地区有成规模的产业带，或者有体量较大的批发市场，则可以考虑从市场上寻找现成的货源；如果其所处地区没有货源优势，则可以考虑从卖方买方数字平台上寻找。对有一定销量基础且已经积累了销售经验的卖家而言，在能够初步判断哪些商品的市场接受度较高的情况下，可以考虑在平台上寻找工厂资源，针对比较有把握的产品进行少量下单试款。经验丰富且具有经济实力的卖家，则可以尝试在跨境电商平台上进行预售，确认市场接受度后再下单生产，这样可以减少库存压力和现金压力。

三、选择物流运输方式

跨境数字贸易的物流具有运输时间长、涉及国家多等特点，因而不确定因素较多，在运输途中可能会出现被海关扣留、物流周转路线长、运输工具多样化等状况。因为不同国家的物流周期差别很大，在漫长的运输途中，产品的包装可能会因积压、抛掷而受到损害，所以在开辟新兴市场选择产品时要考虑产品的保质期、包装耐挤压的程度，还要考虑不同物流公司对产品重量、体积等方面的限制所导致的费用问题。

第三节　注重品牌建设

一、创建品牌的机遇分析

（一）国内市场为创建品牌提供了条件

对世界各个先进国家的经济模式进行分析可以发现，其均以国内经济循环为主，强调满足国内市场需求，以此促进本国企业与本国品牌的发展，尤其是欧美发达国家的著名品牌，往往是先在国内打出名声，占据国内市场后，再向外发展，可口可乐、苹果等均是如此。因此，我们应当充分重视和积极打造以国内大市场循环为主体的双循环新格局。我国是人口大国，这不仅意味着我国有丰富的劳动力资源，还意味着我国国内消费市场有巨大的潜力，尤其是改革开放以来国家经济快速发展，人均收入提升。因此，我们要进一步开展供给侧结构性改革，扩大内需，推动国内市场循环，积极建设国内统一大市场，这不仅是我国经济可持续发展的要求，也有助于提升国内制造业竞争力，扩大本国的出口份额。

对于对外贸易企业而言，以国内市场循环为主体的双循环新格局提出，国内市场的不断发展是良好的发展机遇。对外贸易企业以国际市场为主，需达到他国标准才能够进入他国市场，相比国内，欧美国家的技术标准、质量标准等更高，外贸企业能够在国际市场生存，满足这些高标准，其产品质量不言而喻，有能力为国内市场提供优质产品，这要求外贸企业一视同仁，做到“同线同标同质”[①]，不可优先国际市场而将未达国际市场高标准的产品留给国内市场，这样外国企业就能够在国内打造优质品牌。当然，这不代表外贸企业要退出国际市场，相反，要利用在国际市场竞争中积累的丰富经验和优势，在国内市场打出品牌，基于国内市场将品牌推向国际，从而借助品牌提升产品的国际竞争力。

（二）数字技术为创建品牌提供了基础

如今，电商不断发展，各类先进的数字技术在电商领域广泛应用，提升了电商平台的服务和功能，有效地提升了消费者的体验；各种新模式不断涌现，如直播电商、跨境电商、海外仓等，为消费者提供了更多的选择，更好地满足了他们的个性化消费需求；秒杀模式、产地直播等新的线上消费动力激发方式能够刺激消费，深度挖掘消费潜力，提供新的用户体验，提升购买转化率，为增加流量和用户黏性拓展了渠道。

当下电商领域掀起了国货潮流、国风潮流，消费者更加热衷于具有中国文化特色的产品和优质国货产品。国货品牌可以利用传统纹样、国画等中国元素创新产品包装，或者与博物馆联动开发新产品，提升产品文化附加值，还可以积极开展网络营销，借助各大社交平台加强口碑宣传，积极借助国货潮流打造品牌。

---

① 宋婷．商业文化与创新创业[M]．北京：九州出版社，2021.

二、创建品牌面临的挑战

（一）目标市场的文化存在区别

外贸企业以国际市场为目标，在开发产品、宣传销售时要适应目标市场的文化，然而各国文化之间存在极大差异，如何使得品牌适应当地文化是一大难题。外贸企业要深刻认识到国内市场与国际市场的文化差异，使得产品既能够满足国际消费者需求又能够满足国内消费者需求；使得品牌宣传既能够适应国际文化环境又能够适应国内文化环境。

（二）目标市场消费观念不同

各个国家和民族的人生长于本国文化环境中，在思维方式和价值观念上有很大的不同，在消费观念上也是如此。外贸企业针对外国消费者开发的产品未必能够适应国内消费者的消费观念，反过来也一样。外国消费者往往更为关注精神消费，如产品的文化内涵、品牌价值理念、消费体验等，国内消费者更加重视性价比。

三、如何使用数字媒体打造自有品牌

数字时代，新媒体迅猛发展，颠覆了传统传播格局。企业品牌建设也要顺应这一趋势，积极借助数字媒体打造自有品牌。

（一）利用电商平台等形式提高品牌知名度

如今，我国网民规模庞大，互联网和智能手机已经较为普及，贸易方式从传统的线下为主转变为线下、线上并存，电商行业发展强劲。各个品牌积极在淘宝、京东等电商平台中开设旗舰店，一方面扩大了市场，另一方面有效地提升了品牌知名度。相比实体店，电商平台中的旗舰店能够面向所有消费者，在品牌宣传上具有很大优势。若是品牌能够在大型电商品牌开设旗舰店，就更易于获得顾客认可。

（二）利用网购等方式贴近消费者

如今，很多中年人、老年人已经加入了网购大军，当消费者学会网购、习惯于在线沟通后，就会逐渐形成网购习惯，在消费时经常不自觉地优先选择网购。无疑，网购提升了购物的便利性和交易效率，节约了交易双方的成本，为各行业发展与国际贸易发展提供了新的机会。

对外贸易企业应当重视网购方式，关注消费者的消费习惯，借助互联网预热并发布新产品或新活动的相关信息，快速地在各个网络平台铺开宣传广告，吸引消费者的注意力，获得足够的关注后再正式投入产品或开展活动。

（三）利用网络新媒体宣传品牌

新媒体平台为品牌宣传提供了新的渠道，促进了品牌成长，同时改变了品牌营销模式，因此，外贸企业不仅可以采用传统的电视等方式进行宣传，还可以利用网络新媒体，如微信公众号、微博、小红书、抖音等各个平台进行宣传，给消费者留下深刻印象；还可以借助直播方式编写软文，以多种形式吸引消费者；可以借助大数据技术，分析和挖掘消费大数据，绘制消费者画像，了解消费者的消费需求、习惯等，基于此调整品牌形象、宣传方式和未来发展路线。

在当下数字化经济时代，创建品牌不能不依靠互联网。如今每天都有海量的数据出现，数据是无限的，但是每个人能接收的信息是有限的，若是不创新性地利用数字媒体进行品牌宣传，吸引消费者，品牌便会被海量的信息所淹没。

第四节　加强对外贸易人才培养

一、数字贸易视域下人才供求现状

数字贸易是数字技术与贸易结合的产物，是发展迅速的新兴产业。当下，国内数字贸易领域已经出现了约百万家企业，包括数字贸易平台企业、物流和综合服务企业、电子支付企业、仓储企业等，形成了完整的产业链条。这些企业的涌现与发展提出了很大的人才需求。企业的发展离不开大量人才的支撑，数字贸易相关产业正处于迅猛发展阶段，传统的外贸企业也正处于转型升级时期，都需要大量的人才，尤其是具有电商专业与国际贸易专业知识与技能的复合型人才。然而，数字贸易与传统贸易存在很大的不同，传统商务人才较难胜任其要求，仅具有贸易知识、技能的单一型人才较难合格地完成数字贸易业务和管理工作，其需要的是通才。

数字贸易对人才提出了更高的要求，急需通才。一方面其要具备深厚的计算机操作技能与网络应用能力，另一方面要具备专业的电子商务、国际物流、跨境营销、国际贸易实务等知识。同时，其还要具备跨文化能力，能够与不同国家的客户或消费者进行沟通，并且了解不同国家对于本企业产品的质量标准等行业知识。

数字贸易作为新产业，会受到快速发展的信息技术、不断变化的商务环境的影响，因此，数字贸易人才要能够迅速跟上这些新发展和新变化，及时应对。数字贸易相关的各个环节，如电子商务平台等都对从业者的专业技能有较高的要求，对操作能力有较高的要求。

二、数字贸易视域下高技能人才的能力素质模型

（一）商务层面

数字贸易虽然在技术层面、流程层面、模式层面等实现数字化，但是实质上仍属于商务活动，所以，在招聘上更关注应聘者的商务知识与技能，多选择国际商务或者国际商贸专业的人员，这也与企业岗位工作要求相契合。如今，数字贸易企业的岗位多数为客服岗、运营岗和电商推广岗及销售岗等。因此，对于高技能人才商务层面的能力素质要求包括深厚的专业理论知识，掌握相关国际公约、国际贸易规则、商务活动流程以及各国文化差异等，此外，还要求具备较好的外语能力、国际市场营销推广能力。

（二）技术层面

数字贸易简单地说就是在网上进行交易，是一种全新的贸易方式，如今已经形成了完整的产业链。其对人才技术层面能力素养的要求为能够熟练操作计算机、交换器、服务器等设备，了解局域网知识，具有较好的网络设计安装、网页制作与维护等能力，还需掌握网络推广、金融支付、信用监管等能力。

（三）管理层面

数字贸易业务和管理不是一项简单的工作，而是一个复杂的系统，需要高层次管理人才，包括数字贸易运营总监、数字贸易业务经理等，要求他们具有未来的眼光和宏观把控能力，一方面能够对包括供应链管理在内的管理工作构建整体管理框架，规划数据库建设，妥善完成客户关系管理；另一方面还要具备敏锐的眼光，能快速跟上市场变化，规划平台，进行运营风险管理。

（四）产品层面

除了上述几类能力素质，数字贸易还需要在产品层面具有较高能力素质的人才，其要具有充足的产品知识储备；具有整合产品相关的信息资料并编辑优化的技能与能力；具有基于消费者的需求、心理等特征开展针对性网络推广的技能与能力；具有处理网络图像的能力，要熟悉产品从方案制订到物流配送全过程各环节的操作。

三、数字贸易视域下国际商务高技能人才的培养

针对数字贸易人才的现状，应当积极探索如何培养数字贸易所需的国际商务高技能人才，为数字贸易长远发展提供源源不断的人才支撑。

（一）调整专业目标，改革课程体系

从国家发布的一系列关于高等教育人才培养的政策文件可以看出，当下国家高度强调和积极支持复合型、应用型人才的培养。数字贸易需要的国际商务高技能人才就是兼具电子商务平台运用能力和跨境数字贸易能力的复合型、应用型人才。不管是从政策导向看，还是从产业发展实际看，高校都要积极调整人才培养方案，创新人才培养模式，基于数字贸易相关企业的具体需求设置专业目标，积极打造国际商务专业的数字贸易特色。高校应当敢于创新，积极开展课程改革，与数字贸易相关行业、企业合作进行课程开发，打造与职业需求、岗位要求相衔接的三位新课程体系。所谓三位分别是指：其一为校设课程体系，致力于构建专业知识体系；其二为企业课程体系，致力于培养学生的实践技能；其三为行业课程体系，致力于培养学生学习兴趣与关于行业的宏观认知。高校应当通过多种方式吸引数字贸易产业链各方参与专业课程建设，整合各方资源，构建和健全线上、线下结合的，以数字贸易为特色的国际商务课程体系。

（二）改革教学方法，培养创新能力

数字贸易需要的国际商务高技能人才必须具备良好的软能力，如实践能力、创新能力等。所以，高校应当改革教学方式，转变以往以教师为中心、灌输式教学方法，积极借助翻转课堂、混合式教学法、项目教学法、探究式教学法等现代教学方法，构建以学生为中心、双向互动式教学模式，着重激发学生的学习兴趣和积极性，促进学生自主学习、探究性学习，使之最大程度地发挥自身的能动性，激发他们的创新潜能。

教师应当具备广博深厚的专业知识和教学能力，并且能够不断更新教学理念，具有较好的信息素养，能够与时俱进地应用信息化教学方法，坚持终身学习，不断吸取教育领域和数字贸易领域的前沿知识，将其融入自身教学实践。教师在理论教学中，应当多采取案例教学法、合作学习法和探讨教学法等，使学生了解社会现实，在合作研讨过程中培养其合作能力、沟通能力和独立思考等能力。在实践教学中，让学生亲身操作，采取情境模拟教学法、角色扮演教学法等，让学生在实战中积累经验，提升操作技能、实践能力和创新能力。

（三）加强校企合作，深化产教融合

高校教育主体并不仅仅有高校和政府，还有企业和其他社会力量，其中企业参与对于国际商务高技能人才培养十分重要。高校应当积极强化校企合作，推进和加深产教融合，在设置专业时要紧跟市场变化、预测市场动向，以就业为目的，关注数字贸易企业的人才需求。

高校可以积极开展校企合作，整合教育资源，采取共同建设实训基地、企业人员作为导师、订单式培养等方法，还可以组建联合培养小组，以学校的专业教师和管理人员以及企业的管理者和技术骨干为成员，从企业实际需要出发开展学科建设、课程体系建设以及人才培养目标的设置等，同时创新人才培养的评价体系，确保高校人才培养与企业人才需求之间紧密衔接。

此外，高校可以与企业合作组织多样化的实践活动，如跨境电商创新创业大赛、进企业实习等，为学生提供更多的机会来接触数字贸易业务，培养他们的实践能力和创新素质，不断深化产教融合，加强产学研结合，创新人才培养体系，并且积极构建和健全职业资格证书制度，鼓励学生积极学习数字贸易相关的专业知识和技能，整体上提升人才培养质量，更好地满足数字贸易对国际商务高技能人才的需求。

（四）激发社会力量，鼓励社会培训

教育是公共事业，需要全社会的支持，因此数字贸易视域下国际商务高技能人才的培养需要全社会共同参与，尤其是数字贸易协会以及培训研究机构要积极参与高校人才培养以及在职人才培训。

数字贸易协会和培训研究机构参与人才培养有助于拓展校企沟通的渠道，并且有助于吸取与整合国内外的优秀教学资源，从而推动实用性国际贸易高技能人才的培养。数字贸易协会可以积极利用自身资源和与国际数字贸易企业、行业等联系紧密的优势，促进国内外高校、培训研究机构的合作，为教师出国进修和进行学术交流以及高校聘请国际专家提供平台，有助于构建一个强大的学科智力基地。数字贸易协会和培训研究机构非常了解数字贸易行业，能够与国内外的数字贸易行业相关人员广泛交流，并与学校合作，整合行业资源，进行信息共享，从而全面提升数字贸易视域下国际商务高技能人才的培养水平。

参考文献

[1] 周民，王晓冬．走进数字经济[M]. 北京：国家行政学院出版社，2023.

[2] 申雅琛．数字经济理论与实践[M]. 长春：吉林人民出版社，2022.

[3] 路丽，陈玉玲，郑杨．数字技术发展对国际贸易的影响[M]. 长春：吉林大学出版社，2020.

[4] 吴兰．国际贸易实务项目化教程[M]. 北京：北京理工大学出版社有限责任公司，2021.

[5] 沈玉良，彭羽，陈历幸，等．全球数字贸易促进指数报告2020[M]. 上海：复旦大学出版社，2021.

[6] 周广澜，苏为华．中国方案：数字贸易命运共同体的探索之路[M]. 杭州：浙江工商大学出版社，2021.

[7] 马骏，司晓，袁东明，等．数字化转型与制度变革[M]. 北京：中国发展出版社，2020.

[8] 蓝振峰．国际数字贸易探索与中国实践研究[M]. 北京：中国纺织出版社有限公司，2022.

[9] 张承东，许卫国．中台为“数字国贸”奠基[J]. 企业管理，2020（11）：109-111.

[10] 殷敏．国际贸易数字化变革的国际规制[J]. 北方法学，2024，18（2）：127-140.

[11] 廖喜凤．跨境数字贸易助推湖湘非遗文化国际传播的实践路径与体系构建[J]. 商展经济，2024（4）：84-87.

[12] 王一栋．数字贸易规则体系独立论：传统的延续还是全新的框架[J]. 国际贸易，2024（2）：18-27.

[13] 杨晓娟．中国数字贸易统计测度框架的构建及应用[D]. 昆明：云南财经大学，2023.

[14] 彭礼馨 .WTO 数字贸易跨境数据流动规则研究[D]. 扬州：扬州大学，2023.

[15] 赵晓斐 . 数字贸易壁垒与全球价值链分工 [D]. 北京：对外经济贸易大学，2020.

[16] 杜顺帆 ."三链融合"框架下数字贸易竞争力测度与提升策略[D]. 杭州：浙江大学，2020.

[17] 董从光 . 数字贸易规则对国际贸易发展影响研究 [D]. 北京：北京邮电大学，2021.

[18] 张岩 . 数字贸易壁垒对全球价值链分工地位影响研究 [D]. 天津：天津财经大学，2020.

[19] 倪甜 . 国际贸易规则下的数据本地化措施研究 [D]. 开封：河南大学，2020.

[20] 叶进芬 .WTO 法框架下数字产品跨境交易规则研究 [D]. 武汉：中南财经政法大学，2020.

[21] 赵玙璠 . 数字贸易壁垒对典型国家创新绩效影响研究 [D]. 保定：河北大学，2023.

[22] 韩冬雪 . 中日韩数字服务贸易国际竞争力及其影响因素研究 [D]. 拉萨：西藏大学，2023.